+PRODUCTIVIDAD

+PRODUCTIVIDAD

JORGE LOPEZ HERRERA

Número de Control de la Biblioteca del Congreso de EE. UU.: 2001012345
ISBN: Tapa Dura   978-1-4633-7481-5
                 Tapa Blanda   978-1-4633-7480-8
                 Libro Electrónico   978-1-4633-7479-2

Este libro fue impreso en los Estados Unidos de América.

Fecha de revisión: 06/12/2013

Para realizar pedidos de este libro, contacte con:
Palibrio LLC
1663 Liberty Drive
Suite 200
Bloomington, IN 47403
Gratis desde EE. UU. al 877.407.5847
Gratis desde México al 01.800.288.2243
Gratis desde España al 900.866.949
Desde otro país al +1.812.671.9757
Fax: 01.812.355.1576
ventas@palibrio.com
521547

ÍNDICE

A los genios del mundo de todos los tiempos;
Por haberse esforzado en darnos el mayor atributo, el
conocimiento universal.

A mi nieta Fernandita;
Y a todos los niños y niñas, con mi deseo inquebrantable, de que
vivirán en un mundo mejor y más justo.

Con gratitud a mi hija Eva María;
Por su ayuda incondicional, porque aún dentro de sus múltiples
ocupaciones, tuvo la paciencia de revisar mi manuscrito, para
darme sus recomendaciones.

También quiero hacer un reconocimiento muy especial a Palibrio
Editorial;
Por ser el bálsamo intelectual que necesitaba, y por ser la
organización más comprometida con el nuevo paradigma universal
de publicación, en su modelo de Author Solutions, como el
mejor sistema democrático para escritores, lo que contribuye a
que muchos puedan publicar sus obras; antes la creatividad de la
palabra escrita estuvo restringida, ahora es un campo ideal para
fortalecer el espíritu humano.

PREFACIO

Si alguien quisiera conocer el contenido del presente trabajo, con
una explicación completa, pero lo más escueta posible, para interesarse
en leer este libro; para eso se puede hacer el mejor esfuerzo, de cumplir
una petición imaginaría; con la intención de que el prospecto lector,
termine sumergido en el tema, con la finalidad de entenderlo en
esencia y detalle.

Lo que se presenta en este trabajo, es conocimiento de dominio público
o universal, el que se ha destilado y refinado a través de los tiempos,
con un enfoque de vida, en particular de la humana; esto indica que no
existe ninguna excepción, está dirigido a todos los que poblamos este
maravilloso mundo, para disfrutarlo.

Si preguntamos cual es el elemento común que utilizamos directa o
indirectamente, día a día, los cerca de siete mil millones de personas
que actualmente habitamos el planeta; estaríamos de acuerdo en que es
el dinero; éste se usa por todos, desde el polo norte hasta el otro polo
sur, y de oriente a occidente.

En la cultura tenemos muchas formas para hacer recursos para
sobrevivir, sin embargo, ninguna de ellas es de manera común, entre
muchas elegimos, el arte, la literatura, la música, la religión, estudiar

9

ciencia, etc.; pero, no podemos hacer la elección de una nación libremente; estamos cautivos de las naciones que poseen fronteras geopolíticas donde aplican sus Leyes, con el objetivo de crear riqueza e impartir justicia, en especial la social, para distribuir los recursos naturales y creados, medidos en dinero con el aval de cada Estado para que su divisa pueda intercambiarse en la economía global.

En pocas palabras, se puede comprobar que el dinero y su información, si es el elemento de uso universal para los humanos.

Bajo ese entendimiento, es importante conocer la esencia y el significado del dinero, para saber de donde surge o nace, y al conocer su origen entender su acceso; porque éste es abundante y escaso, dependiendo del interés en obtenerlo.

Con la ciencia se descubrió que lo que mueve de forma constante al universo, es la energía, guiada por información qué imprime las diversas formas a su materialización, y la convierte en recursos naturales. El universo es como un manantial de información y energía en recreación.

El conocimiento de que la información de la energía no se destruye ni se crea, solo se transforma; sirve para usar el gran paradigma natural, de que toda la energía es una sola, con un intercambio constante entre sus distintas manifestaciones para materializarse; y que el ser humano con su creatividad la puede transformar en recursos artificiales.

La información natural de la energía crea sus distintas presentaciones; puede ser física, química, nuclear, mecánica, calorífica, luminosa, etc.; éstas pueden intercambiarse unas en otras, indistintamente, de forma constante y sin ninguna interferencia.

Por medio de la información que trae la energía se solidifica en materia, es como su receta o instructivo para su formación; la energía se percibe como un fluido común a todo lo existente en el universo.

El ser humano con su inteligencia, hizo al dinero el invento más importante del mundo, al implantarlo como unidad de medición de energía útil, para usarse por medio de su información, dentro de un sistema monetario de observancia mundial.

Las divisas en las distintas regiones del planeta son diferentes por su capacidad, pero, todas tienen una equivalencia, así pueden intercambiarse, y usarse indistintamente en cualquier mercado del mundo globalizado; exactamente, porque significan la posesión de información de energía útil, de los recursos del planeta y de la gente.

El dinero no siempre significó lo mismo en las diferentes eras de la cultura; sin embargo, hoy día, tiene un significado exacto y verdadero, es la información de la energía útil y de la capacidad para crear la riqueza; es la facultad de crédito o la credibilidad de poseer los conocimientos para generar recursos.

La información útil o conocimientos, sirven para la enseñanza-aprendizaje de como se forma la energía útil en recursos, para medirlos en dinero, a éste debemos percibirlo como una síntesis de la información de la energía.

La productividad se realiza por medio de la gente, de sus conocimientos, y de recursos de todo tipo, para producir o crear de forma masiva los satisfactores a las necesidades y deseos humanos. La productividad tiene un costo y una rentabilidad dependiendo de cómo se administre.

La productividad es la forma más eficiente para generar recursos midiéndolos en dinero, para hacer rentables y competitivos a los individuos y sus sociedades.

En el mundo global no todos tienen la misma productividad como naciones o entre empresas e individuos; porque no todos usan la información útil como conocimientos.

La mentalidad es determinante para el uso de la energía, así vemos sociedades ricas y pobres, con mayor o menor desigualad; si la riqueza creada por la productividad está en pocas manos, generalmente es para atesorarla como dinero; si está distribuida de manera equitativa, además de dinero se atesora como riqueza política y social.

El conocimiento universal o sea el científico, toma la batuta para desarrollar los mejores recursos; quien posee conocimientos y técnicas es quien tiene acceso al desarrollo; sin embargo, es la conducta de los individuos y sociedades, quienes determinan la forma de repartir la riqueza generada por todos.

Existen muchas incongruencias en la conducta humana respecto a sus conocimientos; limitando a la riqueza de forma monetaria, y excluyendo a la mayor riqueza, la justicia social.

La información es verdadera cuando tiene utilidad, así, el conocimiento tiene la finalidad de ser útil, si no la tiene, no es conocimiento.

Quienes desarrollan la energía en recursos son los que poseen información útil, en conocimientos.

Entre más grande y rápido es el manejo de dinero, será el manejo de la energía, para remover montañas y comunicar océanos.

Con la adquisición del conocimiento para utilizar la energía a nivel atómico, se ha creado una separación, entre sociedades de diferentes latitudes; lo verdaderamente insólito, es que muchos estando concientes, no realizan lo necesario en educación para mejorar su actuación.

En apariencia por no comprender, que el dinero tiene que fluir de forma constante, por medio del trabajo y los conocimientos de la gente para generar recursos.

El método para la creación de la riqueza, es la eficiencia-productiva, es un conocimiento de aplicación universal, es el buen manejo del dinero para tener rentabilidad.

Con la estructura de las mejores Leyes se norma la conducta social, para distribuir con equidad los recursos, y se da movimiento continuo al ciclo virtuoso de la economía.

Cuando la información se fragmenta es para engañar, ocultar y omitir la verdad de su utilidad; esto sucede con más frecuencia en el subdesarrollo.

El mayor problema social es la mentira y el engaño, ahí nace el soborno, la corrupción, la impunidad, la ilegalidad, etc.; es cuando la información esta distorsionada o "maquillada" por inmoralidad y falta de ética; es el soporte para ocultar la falta de escrúpulos justificando la desigualdad social.

Al distorsionar la información útil, el desarrollo se convierten en un gran caos, pues, la inteligencia es la cantidad de información útil, o sea son los conocimientos necesarios en cualquier ámbito; y la locura es ausencia de información útil; con esa incongruencia, muchas sociedades son administradas locuazmente por sus representantes.

La principal causa del subdesarrollado, es por utilizar información falsa o maquillada, en lo social, en lo político y en lo económico; porque es inútil o estéril, está plagada de mentiras y engaños hacia los más necesitados.

Para terminar con esta explicación, se puede decir, que bastaría con aplicar dos reglas en formulas muy prácticas para generar recursos; son **la formula de la cadena eficiente del dinero** y, **la formula de solvencia,** eso es suficiente para generar abundancia y riqueza dentro del ciclo económico, y para hacerlo virtuoso se requiere desarrollar la mejor política social.

PRÓLOGO DEL AUTOR

"El conocimiento es el mejor alimento,
y los alimentos son la mejor medicina".
Proverbio popular.

La presente obra es un complemento del libro "Productividad", ahora con el nombre de **+Productividad**; la esencia del concepto no cambia, solo se aborda desde otros puntos de vista, para tener un mejor entendimiento sobre el tema. Lo que se presenta en este trabajo, son tópicos que habían quedado pendientes en el tintero, para enriquecer los conceptos involucrados en la productividad, y comprender mejor el tema de una forma sencilla, asequible a cualquier persona. La productividad es la generación de riqueza en general, y debe estar sustentada por la ética y la moral, para que haya beneficio social en armonía con la ecología del planeta. Con ello, se quiere decir categóricamente, que sí la generación de riqueza no cubre esos requisitos, y sólo cumple con la rapidez y el ahorro en el manejo de los recursos para producir en masa; le faltaría su parte importante, que es crear la política social fundamentada en la distribución de la riqueza, para tener un bien-estar integral colectivo. En otras palabras llanas, la economía debe estar acorde con la política social de país; y debe incluir el cuidado del medio ambiente para no afectar el equilibrio ecológico; y reducir el uso de combustibles fósiles, con la tecnología de fuentes de energía limpia cero hidrocarburos para abatir el sobrecalentamiento de la Tierra, además controlar los deshechos tóxicos que contaminan a la cadena alimenticia de la vida. La generación de fuentes de energía y su aplicación para crear riqueza, debe reunir los requisitos antes mencionados; así queda establecido con mayor claridad, que la tecnología es la mejor solución siempre y cuando, esté en completa armonía con la naturaleza y la sociedad. Cualquier proceso es una transformación de la energía, como lo son; una actividad personal o un empleo; un proceso industrial; la administración pública del Estado para crear riqueza social; o la administración empresarial para crear riqueza y dinero. La secuencia de lo productivo es, < **la fuerza a velocidad; para generar trabajo con potencia para transformar la energía en recursos**>. La eficiencia y la productividad, coexisten y son inseparables en la práctica; por ello el concepto de la productividad trae intrínseco el de la eficiencia; por lo que puede decirse con mucha propiedad eficiencia productiva o productividad eficiente, como si fuera una radiografía de la productividad. Se puede entender mejor con una analogía muy simple; los electrodomésticos que utilizamos cotidianamente, los hacemos funcionar de forma eficiente cuando no desperdiciamos su uso; los cuáles tienen una capacidad o potencia de diseño para su funcionamiento, es una medida de actuación en watts. Los watts o la potencia, que consumen los aparatos del hogar, por equis tiempo; se miden en kilo watts por hora de consumo, y tienen un costo, para realizar el trabajo de acuerdo a las operaciones especializadas de cada uno de los equipos domésticos; directamente relacionados con la productividad y rentabilidad personal o familiar. La diferencia entre potencia y productividad, es que la segunda incluye a la gente, en sus resultados, pero, son similares porque expresan trabajo entre tiempo; la productividad es una medida de capacidad, es la producción entre el tiempo, es una especie de potencia integral de gente y equipos, que se consume por un tiempo para materializar la energía, y tiene un costo, que se convierte en rentabilidad.

En la tecnología la potencia de diseño de los equipos, se usa sistemáticamente de forma programada, automatizada y controlada electrónicamente; y en las organizaciones la productividad es un sistema que integra a la gente, donde la potencia de las máquinas es una parte sustancial. Pues, cuando hay poca o nada de tecnología en las organizaciones, la productividad está muy limitada por falta de potencia de equipos automatizados. La productividad de una empresa, nación, o en lo individual, es un índice de capacidad que al ser operado tiene un costo, y que genera riqueza a velocidad, dentro del ciclo natural de **creatividad-producción-distribución-consumo** del mercado; indica rapidez o velocidad de transformación de la energía, para producir o crear objetos materiales, e intangibles como servicios.

Y su rentabilidad depende de la generación de riqueza en combinación con la oferta y demanda del mercado; pero, no indica el tamaño de una organización; pues, puede haber organizaciones o instituciones de tamaño similar, con muy diferentes resultados, por su competitividad en el mercado. Ya que puede haber organizaciones con alta productividad, y con baja rentabilidad, por las condiciones del mercado; porque existen productos ofertados y no demandados por los clientes. Igual puede pasar en la administración pública, ésta puede contar con los recursos suficientes para tener una productividad, con un costo al ser operada y no generar riqueza social; por no satisfacer las demandas ciudadanas. Lo productivo como sistema está en función de la capacidad y velocidad, para realizar trabajo, cuidando minimizar el desperdicio de los recursos. Y lo competitivo, esta en función de la oferta en el mercado o para la sociedad, de productos y servicios, como los mejores satisfactores para los usuarios.

La productividad es una capacidad de producción o creación, y tiene un costo por tiempo de operación, para crear riqueza y beneficios.

La productividad también se puede interpretar como un nivel de actuación, individual, empresarial, institucional y como país.

Los conocimientos son herramientas mentales que aumentan la potencia personal o la de grupo, sirven para resolver problemas e innovar objetos; y tienen un costo; para una capacidad y velocidad de actuación individual y colectiva, con el objetivo de conseguir rentabilidad.

La productividad necesita que se manifieste primero la eficiencia al usar los recursos básicos sin desperdiciar, como son; el tiempo, el espacio y la materia-energía; con la finalidad de no mermarlos; para efectuar las actividades lo más rápido posible; y lograr ahorro actuando con rapidez; recurriendo a la aplicación de la ciencia en técnicas con creatividad; es la síntesis de dos finalidades inseparables; ahorro de recursos y velocidad de proceso, para producir o crear.

La productividad es la base para la competitividad entre individuos, sociedades y naciones. Por ejemplo el nivel y calidad de vida de la gente en un país, es el resultado de su productividad de manera integral; es la atención puesta en realizar la mejor actuación con calidad, para fabricar productos y ofrecer los mejores servicios públicos; involucra sistemas de fabricación y creación; procedimientos reglamentados para la normatividad, en general y la aplicación de Leyes jurídicas; en otras palabras, la eficiencia productiva de país, es la administración integral de todos los recursos, que expresan en la práctica un índice de capacidad y velocidad de trabajo en conjunto; y tienen un costo, para hacer que funcionen en equilibrio los tres sectores; el empresarial, el público del Estado y el civil; para producir riqueza económica, política y social.

Se debe entender a la productividad desde una perspectiva universal de la humanidad; que es el dominio de la sabiduría no privativa de nadie en particular; que tuvo un costo, porque es el legado de cientos de miles de años; de pensamiento; de conocimiento; de aplicación del conocimiento; de administrar eficientemente el dinero en el ciclo virtuoso de la economía, para crear y distribuir equitativamente los recursos y riqueza, bajo valores y principios de la ética y la moral.

Como se menciona, lo que se presenta es un complemento del libro "Productividad", el cuál se recomienda leer como básico, para con este otro enfoque, se puedan ampliar los conocimientos de la eficiencia-productiva con cobertura total.

Si lo expuesto en este trabajo, ayuda a esclarecer mejor los conceptos involucrados en la productividad; y sirve de infraestructura para continuar explorando más sobre el tema, el libro cumplió con su cometido.

INTRODUCCIÓN

La vida no la pedimos, se nos da, pero no está hecha, hay que hacerla, y cuando la hacemos, termina; es un misterio.

Vamos a realizar un brevísimo análisis del por qué los beneficios de la productividad, no llegan a la gente en general, cuando es notable la gran cantidad de satisfactores que se producen y crean, a nivel local y global; es como si fuera una paradoja social; ya que los resultados del trabajo productivo en conjunto y, el acervo de los conocimientos de la humanidad cristalizados en tecnología; son en su mayor parte para el bienestar de una élite, la minoría que administra el dinero.

Se hace necesario también expresar, que es muy obvia la falta de disciplina, para tener orden y limpieza; en la conducta de muchas sociedades del llamado tercer mundo; ello, tiene que revertirse con una educación dirigida para emplear esas cualidades humanas, fundamentales para sustentar el bien-estar; es un claro error de actitud, que los más necesitados hagan esas importantes tareas sólo cobrándolas. Cuando en las sociedades desarrolladas esos atributos humanos, hoy son normales y básicos para su crecimiento; pagan y fomentan la disciplina para mantener el orden y la limpieza.

La historia humana se caracteriza por una incongruencia entre el conocimiento y la conducta; escrita en cientos de miles de volúmenes y tomos con millones de páginas, desde la prehistoria hasta nuestros días; dicha historia puede separarse artificialmente desde esos dos diferentes entornos; la del conocimiento, versus, la conducta del poder. La conducta del poder puede distinguirse por; guerras, conquistas, saqueos, esclavitud, holocaustos, explotación irracional a la naturaleza; sometimiento del hombre por el hombre, agresión sexual y subordinación de la mujer, corrupción, abuso tecnológico del armamentismo, colonialismo económico-financiero, racismo, violencia, discriminación, etc. Aunque la conducta del poder está generalizada en el mundo, ésta se ha quedado enquistada e inamovible en el subdesarrollo, y es la principal causa del atraso económico, por la gran asimetría que hay en sus políticas sociales. Paralelamente a esa conducta irracional, ha participado el pensamiento sano para dar forma al conocimiento; como tributo a la humanidad; los genios intelectuales aportaron a la amiga de la verdad, la filosofía; los sistemas filosóficos para dar sentido a la existencia; porque hasta ahora no ha sido posible conocer su esencia: Con el conocimiento de validez universal se vienen generando; la ciencia, el arte, las letras, la ética, la moral, la justicia, los valores humanos, entre muchísimos otros. Los científicos, los historiadores, literatos, artistas, humanistas, etc.; han contribuido con un enorme legado para crear todo tipo de recursos, para moldear a la cultura y a la civilización generando cambios y las transformaciones para mejorar a las sociedades. A esa parte positiva del pensamiento podríamos llamarle sugestivamente, "La novela universal del conocimiento humano" basado en la conciencia, donde nace el decreto de la moral; en gran contraste con "La novela universal de la conducta del poder", que es la historia del ego, su protagonista exclusivo; el creador del culto a la imagen o a la máscara, para engañar y mentir, y obtener ventajosamente provecho, al usurpar tanto valores como recursos; adormilando a los individuos en una especie de hipnosis social; como su plataforma o sistema operativo para que veneren su imagen y, con ella obtener; poder, placer y fama.

La separación entre la información útil o sea el conocimiento, y la conducta del poder, lamentablemente se ha incrementado más en el subdesarrollo; el ego como creación del intelecto, ha hecho presa a la colectividad para tener una actuación influenciada por la ambición de poder; al manifestar en grado superlativo los valores negativos. Esa divergencia ha creado una desigualdad abismal entre individuos y sociedades; en donde muy pocos tienen recursos soberbios y la mayoría carece de lo elemental. El ego es el actor magistral para apoderarse de los frutos de la productividad. Todo el tinglado cuando se abre el telón de la ambición mundana, es para rendir tributo y aplaudir al ego; por conquistar el poder, el placer y la gloria de la fama. Aunque íntimamente el conocimiento del ser humano, tiende hacia los valores por la conciencia; su contraria la conducta del poder en los hechos, recurre a los valores negativos como su estandarte; no se tiene duda de que, "somos lo que hacemos, no lo que conocemos". En una lucha sin límites la conducta del poder viene imponiéndose al conocimiento de la información útil; el ego viene triunfando al empobrecer el espíritu humano.

La finalidad de la ética y la moral es apartarse del condicionamiento del ego para mejorar el quehacer social, el político y el económico. La sabiduría acrisolada por la humanidad en el devenir histórico, es la mejor aliada para que los individuos empleen el conocimiento para generar recursos, con la finalidad de tener bien-estar colectivo. La eficiencia productiva no es la panacea, pero, si es la mejor herramienta práctica para reducir al mínimo esa enorme separación artificial, entre individuos y sociedades; porque la productividad es un sistema colectivo de mejora continua, que genera riqueza en toda la extensión del concepto para favorecer el equilibrio social.

Es de conocimiento público, que el ego debilita al ser humano de muchas maneras para hacerlo indefenso y atacarlo con ventaja; la gente marginada sin recursos no conoce el bienestar social basado en el desarrollo técnico-científico; este daño es antiquísimo y se presenta de forma local y global. Con otro agravante, que el desarrollo de la economía esta inmerso en una contaminación ambiental sin precedentes, lo que ha desequilibrado el ecosistema del planeta. Es un fuerte problema, que requiere una participación colectiva de cobertura global para dar una solución con bases sustentables. Por otro lado, la tecnología del armamentismo es la más desarrollada del planeta y es contra la vida; desafortunadamente su información está a merced de cualquiera que la desee utilizar, con consecuencias apocalípticas; sin embargo es lo que encumbra al ego.

Hoy puede utilizarse la energía, con la tecnología basada en la ciencia de la mecánica cuántica; con una expectativa grandiosa, que se ve en la aplicación de la electrónica, las telecomunicaciones y en el rayo láser. La producción de energía eléctrica por medio de fusión nuclear, no es ciencia-ficción, es cuestión de tiempo; al igual que el desarrollo que vendrá de muchas otras tecnologías, las que implantarán nuevas formas de vida. La esperanza de un cambio social, consiste en que la tecnología sea coherente con la herencia de la vida humana; que es la información de los sentimientos, de la emoción y los deseos; para convivir en armonía utilizando lo mejor posible la energía. Hay una pregunta que obliga a tener una respuesta personal, y es, ¿tenemos la disposición de participar en la productividad, en cada una de nuestras trincheras laborales, para mejorar el desarrollo individual y el organizacional, bajo la conducta ética y moral, para erradicar el poder del ego, con la finalidad de tener un equitativo bienestar social?

El pensamiento, el conocimiento y la aplicación del conocimiento para generar riqueza; han sido a través de la historia una constante de cambio, para progresar socialmente; sin embargo, muchas sociedades desde eras remotas hasta la actualidad, no les ha sido suficiente el acervo intelectual logrado en tantos años, para tener sabiduría, que es de una simpleza impresionante, "utilizar los recursos naturales y los creados con esfuerzo, para tener dignidad humana y paz social".

EL CAPITALISMO ES UN SISTEMA OPERATIVO

La información de la energía es el sistema operativo del universo,
como el dinero lo es de la economía.
El dinero es una unidad que mide la energía útil.

Cuando aseveramos que el capitalismo es un sistema operativo del mercado, y que no es ninguna ideología; se entra a un discutido debate, y con mucha razón, principalmente porque tenemos cientos de años creyendo que es ideológico, sin analizarlo. Siempre se requiere de un sistema generador de riqueza para después distribuirla equitativamente. Recordemos que el dinero es una unidad de información de energía útil, para medir la riqueza o el crédito de la capacidad para generarla; en otras palabras el dinero es una unidad de medición de riqueza, pero, no es la riqueza. Para comprobarlo puede analizarse que el dinero puede destruirse y volverse a imprimir a un mínimo costo, sin que altere en nada lo producido o creado como riqueza; pero, sí los recursos generados se destruyen pierden su utilidad; por lo que habría que emplear más energía en forma de trabajo organizado para retransformarlos de manera útil. Es muy simple comprender que de acuerdo a la voluntad de las personas, el dinero puede utilizarse para beneficio o para perjuicio. El dinero es información de la energía útil, como información de un sistema de medición; es una unidad para crear y medir los recursos, pero, no es la riqueza, porque existe una parte de ésta que el dinero no puede comprar, y es la más importante, la paz social. La percepción de que el dinero es la riqueza, ha llevado a cometer muchos errores que han frenado el desarrollo económico, político y social, de las naciones; manteniendo una precaria infraestructura para el desarrollo de recursos.

En su origen el dinero tenía un valor propio y sustituyó al sistema de trueque; después representó al oro en papel y seguía con contenido de valor intrínseco; pero, la enorme productividad en todo el mundo generó tanta riqueza, que ésta ya no se pudo soportar en oro, y por necesidad histórica el dinero tomo su significado exacto y verdadero; "ser la información de una unidad para medir la energía útil de los recursos y la capacidad de generarlos"

Iniciado el siglo XX, una de las mayores ideas para catapultar la productividad, fue la línea de producción en serie, especializando y simplificando el trabajo, esa maravillosa idea se convirtió en un estándar universal para la administración. Toda la tecnología se alineó sobre esa idea revolucionaria de creatividad. Ese modelo innovador de creación de riqueza, no cobro patente y democratizó lo productivo. Es justo mencionar el nombre de ese genio creador de tamaño inigualable, se llamó Henry Ford.

De ahí surgió que la repetitividad de los objetos fabricados a gran escala minimizando su variabilidad, es la base de la democratización del mercado; donde todos caben sin importar el género, la raza, ni el credo.

En donde los sistemas de unidades de medición son neutros, no alteran lo que miden.

Como una cinta métrica sirve para medir unidades de longitud en metros, pero, el metro no es el espacio lineal; y una báscula sirve para medir el peso en unidades de kilogramos, sin embargo, el kilogramo no es la densidad de la materia; igual, el sistema del dinero sirve para medir la energía útil o riqueza, pero, el dinero no es la energía ni la riqueza. Los tres ejemplos, son sistemas de unidades de medición, para manejar una información especializada. El dinero es información de una unidad que mide la energía útil para hacer los intercambios de energía, y crear recursos y riqueza.

El dinero mide la riqueza que genera el mercado, al transformarse la energía de forma útil; o sea, el dinero está en un movimiento cíclico constante; es una secuencia cíclica de creatividad, de producción, de distribución y consumo; generando recursos y riqueza monetaria como plataforma operativa, para que en ella corra una finalidad social, que es distribuir la riqueza generada de manera equitativa para que haya paz colectiva.

La materia es energía solidificada en el tiempo y el espacio, o sea que la materia es una equivalencia de la energía; en sí, todo es energía y lo que nos interesa es conocer su información para hacerla útil; por ejemplo, no es la misma utilidad de la energía que hay en mil litros de petróleo en la profundidad del mar, que esa misma cantidad en forma de petróleo destilado, como es la gasolina, para expenderse como un combustible de alto octanaje. Nadie podría alimentarse comiendo dinero, ni hacer funcionar su automóvil metiendo dinero al tanque de gasolina. Los recursos naturales y artificiales se miden en dinero dependiendo de su utilidad, dentro de la oferta y la demanda. Con dinero puede comprarse energía útil como alimentos, muebles, inmuebles, empresas, combustibles, joyas, gases, etc. Y pueden crearse instituciones públicas para generar toda clase de servicios. El dinero sirve para un intercambio de energía útil; es igual a cuando se desempeña un empleo, nuestro trabajo lo intercambiamos por dinero, es un intercambio de energía útil. Lo mismo es cuando se da o recibe un servicio. Por supuesto, que en el uso del dinero puede haber toda clase de abuso, que se convierte en desperdicio; o puede utilizarse de forma ilegal; creando conflictos de intereses cuando no se aplica la Ley.

Actualmente el dinero se maneja como información digital, procesada en computadoras y transportada vía telecomunicaciones satelitales.

El dinero es el sistema operativo del mercado, o dicho de otra forma, el capitalismo es la plataforma operativa de los mercados, para crear recursos y riqueza monetaria; su movimiento es un ciclo repetitivo cerrado, inteligente y secuencial; para la producción, la distribución y el consumo; y sobre ese sistema corren las distintas ideologías para distribuir los beneficios y crear la riqueza social, este conocimiento es importante para no mezclar el funcionamiento del dinero, con la forma de implantar las Leyes para la justicia, en particular de la social; así lo hacen los países que participan en el concierto mundial de la economía y el financiamiento; cada uno tiene sus Leyes de justicia social dentro de su territorio geopolítico y participan en el mercado mundial por la distribución natural que hay de todos los recursos del planeta, incluido el conocimiento. Si lo creativo no esta enganchado al mercado no existe lo que se llama éxito; para ello, se necesita estar dentro del ciclo virtuoso de la economía. Al ver con claridad que el capitalismo no es una ideología, sino es el sistema operativo del dinero, se supera una confusión intelectual. Y se observa que los grandes capitales personales y de grupo, sin una regulación que sustente el equilibrio entre el interés privado y el público, son antidemocráticos; crean protagonistas que aspiran al poder absoluto, sin importarles el desarrollo de la justicia social tutelada por el Estado.

Se entiende que la globalización es una participación natural de competitividad en el mercado, para intercambiar recursos; y el Estado en lo geopolítico además de tener que ser competitivo, debe establecer una clara atención puesta en la justicia, para respetar los derechos humanos y desarrollar a las sociedades, distribuyendo equitativamente la riqueza con la finalidad de tener un desarrollo integral. La justicia, primordialmente la social, es la principal responsabilidad de la administración pública del Estado.

El recurso del conocimiento aplicado es la técnica para la productividad, que genera riqueza medida en dinero, y tiene su costo; el movimiento de los conocimientos es para hacer más recursos; los que se ofrecen al mercado para satisfacer necesidades y deseos; el dinero representa a los objetos creados o fabricados para competir y, éste se utiliza como una cadena eficiente de eslabones para hacerlo productivo; lo que veremos más adelante. Los recursos básicos son el tiempo, el espacio y la materia-energía; de estos tres se derivan todos los demás; en especial el dinero, al que se le debe poner mucha atención para utilizarlo lo mejor posible y sacarle el mayor provecho.

Los recursos en general si no son destructibles, son reales; cuando pueden destruirse son artificiales; el tiempo, el espacio, la energía, las partículas del átomo y la información, no pueden destruirse, son recursos reales para la existencia o por lo menos su duración es más que enorme; al contrario, los objetos creados y producidos por el ser humano, son destructibles, por lo tanto son artificiales. Al entender que tampoco se pueden destruir los valores ni sus opuestos, se amplia la conciencia de lo moral para crear la riqueza social.

Esta demostrado que las ideas cambian el mundo, lo constatamos en la vida cotidiana, con las innovaciones de la tecnología; así, con un enfoque diferente puede cambiarse la forma acostumbrada de pensar, para entender con mayor facilidad; que el cambio, el movimiento y la transformación; son los conceptos claves que ayudan a comprender mejor a la eficiencia productiva. Estos conceptos son conocimientos que usaremos para analizar tanto a los procesos de transformación física, como a los cambios de los procedimientos administrativos.

Cuando escuchamos que el tiempo es relativo, es cierto; lo que acontece es el cambio, por el movimiento y la transformación de la energía, dentro del sistema espacio-tiempo.

Experimentar los cambios como paso del tiempo es de forma particular o individual. Los cambios se dan simultáneamente en muy diversos sistemas. Si los cambios ocurren de forma vertiginosa, el tiempo pasa más lento. De acuerdo a la teoría de Einstein, a la velocidad de la luz el tiempo se detiene. Es similar a cuando estamos absortos haciendo algo que nos apasiona, el tiempo en apariencia no transcurre. Puede decirse con propiedad que a lo que llamamos tiempo, es una unidad de medición secuencial, que hace manifiestos los cambios, movimientos y transformaciones; pero, si no existiesen estos, el tiempo tampoco; el cambio es constante por el movimiento natural de la energía como transformación de la materia. El movimiento es intrínseco a la materia, contenido a baja velocidad, pero puede acelerarse hasta convertirla en luz.

Si tuviéramos la capacidad de ver todos los movimientos simultáneos; de la tierra, los planetas, lunas, estrellas, galaxias, universos, y sus cambios, ¿qué tiempo estaríamos midiendo?, con respecto a qué. La tierra tiene un movimiento de rotación y otro de traslación, para medir los ciclos del día y la noche, los meses y años; la luna también tiene esos mismos movimientos que se manifiestan cíclicamente en las mareas; son cambios por movimientos y transformaciones en un sistema.

Se ha descubierto con la tecnología que los cambios del clima, se repiten; en lapsos de miles o en millones de años, esos movimientos son repetitivos; así, del pasado puede pronosticarse el futuro; algunas civilizaciones antiguas estudiaron hechos repetitivos de cambios en el planeta; para profetizar el porvenir de los pueblos.

El cambio es al tiempo, como el movimiento es al espacio. Y la información es a la transformación de la materia-energía.

El espacio entre el tiempo es la velocidad; es la rapidez del cambio, del movimiento y la transformación. La velocidad de la luz es una constante universal, que iguala en una fórmula a la energía con la masa. Y se entiende que el tiempo y espacio son relativos, cuando uno crece el otro disminuye y, viceversa.

Lo asombroso es que el movimiento natural es cíclico, repetitivo, por el efecto de la gravedad; ésta es una deformación circular del espacio-tiempo, creada por la densidad de la masa. La misma luz se curva por el efecto gravitatorio, ésta es una energía electromagnética y su comportamiento es indistinto como ondas y partículas.

La velocidad de la luz es imperceptible y enorme para lo humano; sin embargo, es demasiado lenta para viajar entre estrellas y galaxias; a esa grandiosa velocidad, la luz requiere de varios millones de años para transportarse entre sistemas estelares.

La velocidad de la luz es una constante física y se especula que puede ser una frontera entre existencias diferentes.

Por otro lado, somos conscientes de que, no alcanzaría el tiempo personal para contar, los cientos de miles de millones de billones de cuerpos celestes en el universo o universos. No tenemos tiempo de vida para medir ni hacer un conteo de los sistemas subatómicos y galácticos; para ello usamos "herramientas mentales" como son las matemáticas con sus diversas ramas y disciplinas.

Con herramientas del intelecto intuimos y verificamos, que el movimiento natural es circular y que se repite en ciclos; el dinamismo cíclico es también un movimiento ondulatorio, que invita a conocer las funciones trigonométricas en un círculo de radio unitario, para medir el movimiento angular en grados o radianes con sentido y dirección; sirve para conocer la propagación vibratoria de las ondas repetitivas. Hoy se conoce que el movimiento cíclico y frecuente, crea la energía. Los físicos modernos especulan que todo el universo es un movimiento vibratorio, de frecuencias diferentes y específicas, para cada una de las partículas, desde los quarks, protones, neutrones, electrones; hasta los átomos que los contienen, los que forman el repertorio de los distintos elementos, que se unen y combinan en moléculas para dar forma a la materia-energía en el espacio-tiempo.

De forma similar los fenómenos económicos, sociales y políticos; son movimientos cíclicos, repetitivos; son artificiales creados por los seres humanos.

El movimiento circular puede convertirse en lineal, es como rodar una rueda de equis diámetro para avanzar una distancia recta; pero, en esencia su movimiento es cíclico, o sea que se repite. Sí multiplicamos el número pi, por el diámetro de una rueda, se tendría su desarrollo o avance lineal de una vuelta completa de ella. En nuestro mundo el movimiento rectilíneo se genera por medio del circular de forma muy eficiente.

Si el movimiento natural es cíclico, el tiempo y el espacio son también cíclicos, porque éstos son los cimientos de las pistas por donde corre.

También podemos medir el tiempo que tardamos en actividades que hacemos de forma repetitiva, para multiplicar las veces en un mes o año, como si fuéramos rodando una circunferencia de tiempo que se transforma en tiempo secuencial dentro del espacio circular. La percepción humana cree que el movimiento natural es lineal; sin embargo, el conocimiento lógico nos demuestra que ese movimiento es en círculo. Si nos grabamos de memoria ese detalle, de que el espacio está deformado en forma circular; y es la materia con su densidad quién lo deforma, creando así a la fuerza de gravedad; eso nos facilita entender porque el movimiento natural es circular.

Fue Einstein, quien hizo ese gran descubrimiento de cómo es la fuerza de gravedad, y lo ejemplificó, como si el espacio fuera una tela de manta tensada en horizontal, y sí sobre de ella se pone una esfera de acero, la manta se deforma hacia abajo en una como semiesfera hendida de forma cóncava; si sobre la tela deformada se echa una pelota de hule, la que posee menor densidad, tenderá a moverse curvándose hacia lo hendido insertado en la tela y girará a su derredor. A partir del descubrimiento de ese novedoso concepto gravitatorio, éste se usa para todo el desarrollo científico, al pie de la letra, de forma inequívoca.

Lo que la ciencia descubre es básico para todo el conocimiento en general, no es que tengamos que ser científicos, para entender porque el movimiento natural es cíclico, sino asimilar porque los fenómenos cerrados, tienen una eficiencia constante de forma natural; simplemente es porque cuando se finaliza una vuelta completa, de inmediato comienza otra de forma repetitiva. Así, de forma artificial o humana, también se crean ciclos de todo tipo, para los quehaceres individuales y sociales.

En el caso de ciclos naturales cerrados, son fuerza a velocidad en tiempo constante, es la generación de energía continua. Igual se desarrolla el conocimiento para generar energía de forma artificial.

Sin embargo, no dejamos de maravillarnos de los efectos de la percepción, ésta es como nuestro libre albedrío; de forma individual y colectiva, con nuestros sentidos hacemos que la vida sea sumamente misteriosa e interesante.

De lo general se extrae lo particular.

Lo lineal existe en la geometría, ésta disciplina es el estudio general de las curvas; donde el segmento recto es un caso particular de éstas, es cuando el radio que las genera tiende al infinito; o sea, es un aspecto ideal del espacio; que encaja a la perfección con la experiencia física; por lo tanto, también existe el movimiento rectilíneo.

Las curvas exponenciales pueden expresarse numérica y gráficamente en forma recta, por medio de bases logarítmicas, cuya función es sintetizar progresiones geométricas en aritméticas.

Retomando el movimiento circular; las turbinas y las hélices de los aviones y buques, tienen un movimiento cíclico para desplazar las naves; el movimiento para generar la electricidad es cíclico, es un rotor de conductores girando en un campo magnético, lo que crea el flujo de la corriente eléctrica; así, el movimiento rotativo de los motores y la transmisión de los autos, es para desplazarse en movimiento lineal. Y si viajamos por la Tierra sin parar hacia delante, daríamos vueltas al planeta. Si ponemos más atención, estamos dando vueltas al sol de forma cíclica. De igual forma lo hace nuestro sistema solar al derredor de la vía láctea.

También el sonido y la luz se desplazan con movimientos ondulatorios, son cíclicos. Los fenómenos naturales son repetitivos. El ciclo de la cadena alimenticia de la vida. El ciclo del agua. Los ciclos del clima. Los ciclos marítimos de los océanos; etc. Así los fenómenos artificiales eficientes, son cíclicos, como el ciclo virtuoso de la economía.

El ciclo administrativo es para controlar la eficiencia de cualquier actividad en general; viene de un proceso mental natural, es secuencial y repetitivo; primero se planean las actividades, ese es el inicio; después se organizan; y por último se controlan; en una unión circular para retroalimentar al plan original con el control y verificar que no haya desviaciones; en la práctica son procedimientos y procesos repetitivos, que se pueden corregir para meterlos en control; pueden ser cotidianos, semanales, mensuales, anuales, etc.

Si ponemos aún más atención, todos los aparatos domésticos e industriales, funcionan con movimientos giratorios o de ciclos que se repiten, como son; una licuadora, una lavadora, una podadora, una rasuradora, un ventilador, un motor eléctrico, una bomba de agua, un laminador de acero, todas las máquinas herramientas, etc. Intuimos que la eficiencia-productiva en el movimiento circular es muy buena; pero, entendemos que se puede cortar el césped con tijeras; y se puede lavar la ropa a mano; o se puede empujar y jalar para transportar; así también se puede moler en un metate, que es un movimiento lineal manual para atrás y para adelante; etc. Los movimientos rectilíneos pueden ser repetitivos; pero, son mucho más eficientes y productivos, cuando provienen de un movimiento giratorio.

El movimiento circular concentra mejor la energía; como en el flujo natural de la energía magnética que es en ciclo cerrado. Así, artificialmente se le da un cause circular a los circuitos de la corriente eléctrica inducida o generada, para que su energía no se desperdicie y sea más eficiente.

Antaño los molinos de granos los pulverizaban, para producir harina, eran circulares, funcionaban por medio de una piedra redonda girando al derredor de un círculo, tirada por la fuerza de un animal.

Hoy los aceleradores de partículas de última generación, son cíclicos, colisionan a éstas pulverizándolas, con generadores de energía de alta potencia; para detectar a las más ínfimas y escudriñar de dónde proviene la masa del universo.

La información es otro movimiento cíclico, es de sólo dos posibilidades que se repiten; en una secuencia para la construcción física o mental de cualquier objeto; por ejemplo, haciendo preguntas secuenciales bien planteadas, con escoger respuestas de "si" o "no", de manera repetitiva, se puede tener mucha información y conocimiento. Con el sistema binario la información puede manejarse con sólo, los números cero y uno, repitiéndose y fluctuando, para formar un itinerario de acciones para la creación de objetos físicos e intangibles; con solo dos opciones de los números cero y uno, puede representarse cualquier cantidad numérica y hacer cualquier operación matemática. La información útil es el conocimiento para generar recursos de todo tipo por medio de energía. La información y la energía son los dos superrecursos que usamos para crear a los demás.

Al hacer girar una fuerza a una velocidad se genera potencia, esté fenómeno puede ser aplicado en actividades de todo tipo, para crear movimiento a gran escala; por ejemplo, los campos magnéticos inducidos pueden distribuirse en círculo de tal forma que, las fuerzas de sus polos norte-sur, cuando se enfrentan polos iguales se repulsen, y cuando se confronten los contrarios se atraigan; de esa forma se crea un movimiento del campo magnético de forma giratoria a velocidad, generando potencia mecánica en los motores eléctricos, y estos a su vez transmiten el movimiento para realizar cualquier proceso, por ejemplo, con un excéntrico se cambia el movimiento rotativo a lineal.

La fuerza por la velocidad circular genera potencia de forma más concentrada, porque su finalización se une a su inicio, el tiempo cíclico es continuo, por eso desarrolla más energía.

La tecnología moderna de los hornos industriales, esta diseñada para recuperar el calor de la combustión; esa fuerza calorífica a velocidad se mete en un circuito cerrado para recalentar la carga en tiempo constante; así se aprovecha mejor la energía calorífica de operación.

Otro fenómeno cíclico es el reciclaje, es retomar un ciclo para regresar la energía útil perdida de cualquier proceso, producto o material. Reciclar implica volver a meter a un ciclo natural o artificial, cualquier objeto físico e intangible, para que recupere su potencia y energía original.

Hace más de un siglo un gran pensador científico, descubrió, que el movimiento de las partículas era ondulatorio y cíclico, tenía frecuencia, lo que provoca la energía; se dio cuenta que entre más rápido fuera lo frecuente, o sea, su repetición, más era la energía que generaban. Este señor fue Max Planck. A muchos, con sus investigaciones, este genio les ayudo a entender como es el movimiento de la energía, como ahora estamos comentando la productividad que es muy similar.

La generación de la energía eléctrica, comentamos, se genera de forma giratoria, pero, además la podemos llevar a ser una corriente alterna positiva-negativa, o sea que fluctúa en ambos sentidos a equis frecuencia; y además puede generarse de una o tres fases cíclicas; sin embargo, tiene que hacerse que corra en circuitos cerrados, para aumentar su eficiencia, de forma abierta habría muchas fugas de potencia y energía.

Un ciclo completo es cuando se inicia cualquier proceso, con una clara continuidad de transformación por el movimiento y su terminación marca el inicio de otro; un ciclo puede ser una acción simple, una actividad amplia, un fenómeno, una operación de trabajo, un proceso, un procedimiento, etc. Un ciclo puede repetirse por el movimiento. Lo importante es saber los lapsos y acciones que integran cada ciclo, para conocerlos por completo. Los ciclos pueden ser muy rápidos o lentos; por ejemplo, puede haber ciclos completos de miles por segundo; repeticiones por minuto, por hora, por mes, por año, por lustro, por siglo, por milenio, por milenios, etc. Cuando los ciclos son distintos y están mezclados, aparentan grados de complejidad; sin embargo, al discriminarlos o separarlos virtualmente, se visualizan de forma simple. Así es tratada la complejidad de los estados cuánticos de la materia a nivel atómico.

En las máquinas de fabricación en serie, los ciclos son muy cortos, por ejemplo, mil piezas producidas por minuto; cien kilos fundidos por segundo; mil galones de agua por segundo; etc.

También por la repetición en organización de sistemas y procedimientos; puede haber mil ventas de equis artículos por día; mil ingenieros certificados por semestre; treinta mil escuelas funcionando por año escolar; diez mil tiendas de autoservicio operando las veinticuatro horas diarias por año; cuatro mil autos producidos por semana; etc.

En la naturaleza la frecuencia de los rayos gamma, es de diez a la potencia de veinte, ciclos por segundo; o sea cientos de millones de billones de veces en un segundo; y existen otras frecuencias muy lentas, que realizan un ciclo en cientos o miles de años.

Al identificar un ciclo completo, puede analizarse la fisiología del control; como es su inicio, su continuidad y su terminación; y ojo, la clave del control, es tener la capacidad humana de parar, y corregir las desviaciones que se presentan dentro de los ciclos, para someterlos bajo control; ahora con la electrónica esa función se realiza más eficiente.

Los fenómenos que no pueden estar bajo el control humano, obligan a tener la intuición y estadísticas, para evaluar el riesgo de posibles desviaciones.

En general el poder parar, para corregir desviaciones oportunamente, es lo eficiente del control de la gente. El mismo control automatizado para movimientos programados, debe de contar siempre con un dispositivo de paro de emergencia, para minimizar los riesgos humanos y materiales.

Si ponemos la atención en que los movimientos y las transformaciones de cualquier proceso, son cíclicos; comprenderemos que nuestra intención debe ser, que el ciclo virtuoso de la economía sea un movimiento circular constante; de creatividad, de producción, de distribución y de consumo.

La cadena eficiente del dinero, es cíclica; inicia con la eficiencia física que multiplica a la productividad y, después a la calidad para que finalmente el costo se convierta en un precio de mercado, para generar rentabilidad o eficiencia financiera; donde costo-precio son el principio y la finalidad respectivamente, unidos en el mercado para cerrar un círculo que se repite constantemente.

Cuando el ciclo de la economía no se cierra, es intermitente; pierde energía por tiempos muertos, son fugas que se convierten en perdidas o desperdicio; por ejemplo, cuando la sociedad civil no posee un poder adquisitivo suficiente, el ciclo económico queda abierto, se vuelve ineficiente porque no es constante.

En el entorno productivo, existen tres ciclos artificiales creados por los humanos; a los cuales debemos identificar muy bien, porque son los que han hecho que la cultura y la civilización hayan evolucionado; y siguen funcionando mucho mejor con los adelantos de la tecnología, estos son; El ciclo administrativo; El ciclo de la cadena eficiente del dinero y; El ciclo virtuoso de la economía.

Con esa atención puesta en los movimientos repetitivos, se debe actuar con la intención de administrar el tiempo, el espacio y la materia. Simplificando los movimientos para reducir sus tiempos sin desperdiciar los materiales.

La ubicación en el mercado y, el acomodo de las organizaciones, son para utilizar mejor el espacio; para que los movimientos se realicen en tiempos mínimos repetitivos y, así ahorrar en el manejo de los materiales y productos, metiéndolos en circuitos cerrados.

Nuestra agenda personal y organizacional, puede traducirse en hacer un seguimiento minucioso de los cambios, movimientos y transformaciones, cíclicos; bajo un buen plan con orden en control; es poner las condiciones para crear un sistema o método, de mejora continua. No importa cuál sea la función o actividad de desempeño, puede ser de supervisión, de gerencia ó dirección; en lo individual, organizacional o institucional; la llave maestra consiste, en estructurar que los procesos y los procedimientos sean cíclicos; para controlarse de forma constante y mejorarlos productivamente.

Conociendo que la actuación personal y organizacional, es repetitiva; debe tenerse la actitud para ser eficiente y la aptitud para ser productivo; el tiempo tiene que ocuparse sin desperdicio; porque éste no puede almacenarse, pues, se consume instantáneamente; las actividades deben hacerse lo más rápido posible, para usar mejor los recursos, utilizando la tecnología más adecuada. Es multiplicar el beneficio por su repetición a velocidad constante.

Nuestra atención debe estar puesta en que los ciclos no estén engordados con acciones y actividades estériles, que consuman tiempo. "No dar esteroides anabólicos al tiempo".

El desempeño personal y de grupo, debe verificar que las acciones para los cambios, los movimientos y las transformaciones; sean de provecho, si no lo son, es un ahorro de dinero no efectuarlas; pero, sí son de provecho individual y organizacional, son de mayor utilidad realizarlas a la mayor velocidad posible. Muchas veces nos abrumamos por la rutina cotidiana, porque generalmente no se pone el interés en los cambios, en los movimientos y en las transformaciones, que se están dando interna y externamente, y pueden estar alterando un sistema. Se crea una percepción de que no alcanza el tiempo, ni el espacio, ni los materiales; porque a lo que no se le pone atención con la intención de eliminar, es a todo lo que es inútil; lo que consume recursos sin provecho. Hay una verdad máxima, que dice, "a todo lo que le pongas atención, florece", e indistintamente puede ser sobre algo positivo o negativo. La atención puesta en el conocimiento del cambio, del movimiento y de la transformación; es para justificar su utilidad al verificar el beneficio. La utilidad es un concepto amplio, no es el económico solamente que sería una ganancia en dinero, sino la utilidad como provecho humano; por ejemplo, lo útil de tener credibilidad, confianza, solvencia, etc. Eliminar lo inútil y agregar valor a los objetos creados tanto físicos como intangibles; es la regla eficaz del juego, para tener competitividad. Realizar los cambios, los movimientos y las transformaciones, a la mayor velocidad, debe ser con un objetivo de progreso colectivo. Y cuidar que no haya retroceso porque es una involución al logro adquirido; la cautela debe ser una alerta para evitar entropías administrativas, que provoquen caos organizacional. Porque también el desperdicio y la lentitud son de orden repetitivo.

Es de gran impacto darse cuenta, cuando veamos más adelante, que la eficiencia total de los tres recursos básicos, son siempre fracciones de la unidad; y se multiplican entre si por ser independientes; sabemos que al multiplicar fracciones de la unidad, su producto o resultado, es menor a cualquiera de sus factores. La eficiencia siempre es una proporción de cómo se usan los recursos, esas fracciones unitarias siempre disminuyen de forma directa, a la velocidad de transformación de los procesos, o sea, reducen la productividad.

Entre paréntesis, cuando tengamos duda de que es la productividad, acordémonos de cómo funcionan los electrodomésticos, que utilizamos todos los días para un servicio; estos tienen una potencia de actuación en watts, y si los usamos por un tiempo, para nuestra productividad personal con un beneficio, su consumo se mide en kilo watts hora los cuáles tienen un costo, que nos cobran en las facturas de la compañía que suministra la energía eléctrica; igual, la productividad organizacional es una potencia integral de actuación, que involucra gente y equipos, para producir o crear, y tiene un costo por tiempo de operación que pagan las organizaciones; las cuales deben tener rentabilidad o eficiencia financiera.

Balancear los procesos y los procedimientos, es coordinar que las velocidades de diferentes transformaciones sean iguales para que haya una secuencia constante; con ello, se evitan cuellos de botella, los que reducen la velocidad del sistema en conjunto. Cuando los procesos son diferentes y se crean simultáneamente para ensamblar un producto, tienen que programarse para que no haya intermitencia sino continuidad; ello, se aplica de la misma forma para los procedimientos administrativos. El manejo de materiales es una disciplina que ayuda a evitar que los ciclos se alarguen; y el manejo de la informática ayuda a compactar las repeticiones.

La productividad se consigue, con fuerza por velocidad, de cualquier acción, actividad u operación, o sea, qué la potencia se realice en tiempo constante; esto es cerrar las actividades en ciclos, unir su finalización con el inicio, para generar energía de manera continua. La energía se convierte en trabajo materializado.

La información programada para la automatización electromecánica, es claro ejemplo, de la realización de múltiples ciclos sin la intervención de la mano humana; para la formación de productos a alta velocidad; con auto control propio por medio de chips, para corregir posibles desviaciones; con registros para conocer la desviación estándar, el rango y la frecuencia; para medir tendencias, corrigiéndolas de vote pronto y asegurar la calidad.

La robótica es la automatización de la eficiencia y productividad, y tiene atributos extras, ya que protegen a los operarios y a las instalaciones, de condiciones inseguras; porque hay muchas operaciones de alto riesgo.

Sin lugar a dudas la informática es la herramienta para crear todo tipo de programas, para automatizar procesos físicos y procedimientos administrativos. Como es el llevar una administración integral automática de todos los procesos con procedimientos; para efectuar todos los registros contables, de entradas y salidas, desde el inicio hasta el final del ciclo administrativo. Para que cada movimiento se identifique con un asiento contable mediante códigos, bajo el principio de la partida doble, con un catalogo de cuentas y subcuentas; son registros repetitivos de forma cíclica, hasta obtener los estados financieros, como son el estado de resultados y el de capital.

En la rutina cotidiana, la importancia o prioridades que se da a los movimientos, es para hacer los cambios y las transformaciones; con simplicidad para administrar un plan ordenado con control del trabajo; es la administración para que los recursos se usen con ahorro y rapidez. Cualquiera puede participar en cambios, contando los miles o millones de movimientos repetitivos que se ejecutan cotidianamente, y que pueden reducirse sin afectar los ciclos completos de trabajo; pueden ser de procesos físicos o procedimientos administrativos; es impresionante cuando se tienen datos de los miles de minutos que se emplean en movimientos estériles, que consumen muchos recursos, y mucho más cuando los ciclos aumentan en tiempo, por estar plagados de movimientos ociosos, ya sea por demoras administrativas o por retrasos en el manejo de materiales. Igual es cuando somos consientes del tiempo necesario o suficiente, el que utilizamos de forma inevitable para necesidades biológicas y fisiológicas, en el transcurso de toda nuestra vida, por ejemplo, dormir equivale a la tercera parte del tiempo de estar vivos. O por circunstancias, por ejemplo, esperar el transporte colectivo de forma cíclica cotidiana, puede equivaler a varios días de un año. Los bloqueos frecuentes de tráfico, que hay por demandas sociales en el subdesarrollo o en el primer mundo, pueden ser equivalentes a varios días de ocio anual; así pueden eliminarse tiempos estériles de nuestro desempeño cotidiano; quitando el desperdicio de tiempo sin sentido, el cual podría usarse para estudiar o para realizar acciones de mucho provecho. Por supuesto, que no es ocioso el tiempo bien aprovechado, para el descanso y la recreación, tanto corporal como mental; lo indispensable para la salud, que implica un estado completo de bienestar, donde la alegría y el entusiasmo son fundamentales.

Para tener un mejor control del trabajo, debe tenerse un panorama de la ubicación en donde se está participando, pues, puede ser en la creatividad, en la producción, en la distribución o en el consumo; para aplicar el ciclo de la cadena eficiente del dinero, en donde se esté colaborando; para desarrollar la eficiencia-productiva; eso puede ser en procesos o procedimientos; en calidad; en la administración de las ventas; o en las adquisiciones; etc.; y para tener control en el contexto laboral debe comunicarse oportunamente los cambios de los movimientos y de las transformaciones, por mínimos que sean estos; pues, cualquier movimiento de cambio aún siendo pequeño, es una modificación al sistema repetitivo, que requiere un ajuste o alineamiento integral.

Pasando a otro aspecto productivo; tiene que cuidarse la forma en tomar las decisiones, para desarrollar la eficiencia productiva; es una necesidad saber diferenciar el "qué" del "cómo", para decidir lo que hay <qué hacer> y <cómo hacerlo>; es una expresión de la inteligencia creativa y de los conocimientos. Las decisiones no se pueden confundir; por ejemplo, no se deben hacer cambios de procesos, cuando lo que se requiere son cambios en el producto y, viceversa; es analizar para no confundir un destino con un camino. Evitando las confusiones en la toma de decisiones se ahorran muchos recursos. La experiencia, la inteligencia y la creatividad, sirven para decidir "qué hacer"; y los conocimientos especializados, las habilidades y las implantaciones de rutinas, sirven para decidir "cómo hacer bien el trabajo" al implementar los recursos más adecuados, como son, entre muchos otros; las herramientas, los dispositivos, las instalaciones, la instrumentación, etc.; e igual se requiere capacitar y orientar a todos los involucrados. Con una clara división de las funciones administrativas, una parte atendiendo más a la dirección y al mercado, de forma estratégica; y la otra mirando más a la operación para implantar tácticas y supervisar el sistema, de manera de, tener la mayor cobertura con la mejor visión. "Al ojo del amo engorda el caballo".

Si nos remontamos a las necesidades y deseos humanos, de antaño, son iguales a lo que tenemos en la actualidad, porque es lo innato de ser humano; quiere decir que "el qué" es el mismo repitiéndose por cientos de generaciones, pero, "el cómo" ha cambiado radicalmente; por ejemplo, no hace mucho, la contabilidad de las organizaciones, se llevaba en libros a mano; hoy se hace por medios computarizados muy rápidamente sin errores; sabemos que teniendo los conocimientos contables, la contabilidad puede hacerse a mano, aunque comprendemos que sería sumamente ineficiente. "El qué" hacer o "el qué" queremos, es el mismo de siempre por las necesidades y deseos humanos; con la tecnología, "el cómo" hacerlo bien y rápido, puede efectuarse de muchas formas.

La mercadotecnia no desarrolla necesidades y deseos humanos; solo los satisface de mil y una formas, rápida y eficientemente.

En la productividad se tienen que desarrollar técnicas, por lo cual es indispensable dominar el significado de la verdad, como "lo útil del conocimiento por ser aplicable"; la esencia del conocimiento es su útil practicidad; la ignorancia no es útil, es lo más contrario al conocimiento, porque no puede aplicarse. La técnica es el conocimiento llevado a la práctica de forma eficiente; así, la ética y la moral, son parte de los conocimientos aplicables; todos los conocimientos útiles deben de anteponerse para realizar cualquier trabajo productivamente.

Es de justicia mencionar al genio estadounidense Williams James, que fue fisiólogo, psicólogo y filósofo, quién desarrolló su obra pragmática al final del siglo diez y nueve; mejorando antecedentes de colegas suyos; al publicar en 1907 "El Pragmatismo" como una filosofía, la cuál ha influenciado el pensamiento hacia el significado de la verdad, como lo útil del conocimiento; hoy es la esencia de la modernidad en su país y en el mundo. A partir de él las creencias que en varios siglos no han sido útiles para el bien-estar social, fueron remplazadas por conocimientos. Mucho tiempo antes otros grandes filósofos y sabios intelectuales, habían desarrollado o participado en crear los sistemas clásicos de la filosofía, al grado que muchos de ellos son íconos; del idealismo, del realismo, materialismo, racionalismo, etc.; esos sistemas dieron mucha luz, aportando conceptos importantes para entender la existencia de varias informaciones; como la virtual, la ideal, la real, y la artificial o intelectual; el pragmatismo fue determinante, para llevar estas diferentes informaciones a la práctica, con un sentido de utilidad al emplearlas con un método.

Si no se hubiesen asimilado las diferentes informaciones de existencia, que surgieron de los sistemas filosóficos; no se hubiesen enunciado muchas hipótesis para las teorías de la ciencia; o el andamiaje de los conjuntos de números naturales, reales, racionales, irracionales, virtuales, imaginarios; cuya utilidad es invaluable; tampoco se entenderían los datos estables de las constantes universales, ni el concepto del infinito, ni las leyes ideales de la física y la química, etc.

Han sido muchos libres pensadores, como filósofos y científicos; sería una larga lista mencionarlos a todos y omitir alguno sería una falta de respeto; nuestra gratitud debe estar siempre patente, al mencionar que su contribución al conocimiento es un gran legado para la humanidad.

Como hemos reiterado, el ser humano no conoce a ciencia cierta que es la existencia, sólo la percibe; y confunde a la existencia con la información real de lo físico; sin embargo, las informaciones real, virtual, ideal y artificial; todas ellas manifiestan una existencia mental. Pero, entendemos como un acuerdo que la realidad es materialista por la afinidad colectiva de percepción.

La mente es quizá el campo unificado del que hablan los estudiosos, de donde pro-viene todo, como si fuera un campo de información universal. Conciliar a la mecánica determinista de la física clásica, con la incertidumbre de la cuántica, es un reto o desafío científico. Como lo es también dar sentido a la existencia por medio de la percepción. Hasta ahora se cree que la percepción es relativa al tipo de información. La hipótesis de que la existencia es mental cada vez se fortalece más. Se desvanece la certeza de que lo material es la realidad. Pues los sueños, las obras y los conocimientos, vienen de la mente. Ver, oír, sentir, gustar y oler; son fenómenos mentales.

Se establece que lo importante es relativo, si no se tiene una filosofía o ideología que oriente a una estrategia con una táctica aplicada en lo individual y social, para vivir y convivir de forma plena. El qué, cómo, cuándo, dónde y porqué; pierden sentido sin una base ideológica que sintetice los principios con las finalidades.

Las ideologías están más enfocadas a desarrollar la civilización, que es la organización de sociedades estructuradas de forma ética y moral; para ejercer los principios de la justicia con un fin social.

El capitalismo no es ninguna filosofía ni ideología, es el movimiento cíclico del dinero, como sistema operativo del mercado; es el circuito cerrado secuencial de la creatividad, la producción, distribución y consumo; enfocado a crear recursos de todo tipo para la cultura; así se crea la riqueza monetaria, de la plataforma operativa de dinero, que es indispensable para poder generar los recursos, y sobre ese sistema operativo debe correr la ideología, para hacer una distribución equitativa de la riqueza, por medio de Leyes que normen la conducta para crear la justicia social.

La riqueza social generada de los valores, por la conducta ética y moral, tiene como principio distribuir los recursos naturales y creados, con equidad y justicia; para su única finalidad, tener paz y tranquilidad, individual y social.

Mientras la cultura es universal, pues, la ciencia, el arte, las letras, la religión, la comida, la cinematografía, la música, etc.; no tiene fronteras; es todo lo que el ser humano ha transformado de la naturaleza en recursos. Las civilizaciones están delimitadas geopolíticamente bajo sus fronteras, donde cada una aplica su ideología para; procurar, administrar e impartir justicia. Con esa fina y sutil separación indeleble, la civilización también es parte de la cultura.

La razón o justificación del Estado, es la justicia, además de ser su auténtico y legítimo monopolio.

A nivel país la eficiencia productiva es una movimiento integral, que aglutina a las facultades de la administración pública del Estado, con las funciones de los empresarios del mercado y con las actividades de la sociedad civil; para producir riqueza y distribuirla eficientemente. Así, todos los sectores se mueven de forma cíclica; pero tienen que estar en fase; porque cuando están desfasados, provocan una muy fuerte ineficiencia por las pérdidas de potencia económica.

Estar desfasados implica estar adelantado o atrasado unos respecto a otros.

A los países desarrollados les llevó tiempo meter en fase el movimiento cíclico a los tres sectores sociales que integran sus economías. A algunos les costo más que a otros, pero entendieron lo necesario de tener ese equilibrio.

Es un error cuando cada sector trabaja de forma independiente, porque se pierde mucha energía, ese es el principal problema económico del subdesarrollo.

Cuando hay un desequilibrio del movimiento cíclico del dinero con la política social, se corrige con Leyes basadas en la justicia social.

Las Leyes reglamentadas del Estado deben de estar enfocadas a erradicar al ego, en cualquier tipo de organización; para que la administración pública sea un ejemplo de calidad para los ciudadanos y sus sociedades; con el objetivo de minimizar la desigualdad y la pobreza; y aspirar a la justicia social al cubrir los derechos humanos, políticos, civiles y económicos.

La buena voluntad está muy limitada para ejercer la justicia; pues su procuración, impartición y administración; requieren de un orden político-social reglamentado, para normar la conducta social mediante Leyes.

La justicia es un derecho humano, el cual debe tutelar el Estado por medio de la administración pública.

EL PENSAMIENTO

Cuando no se tienen conocimientos, la única alternativa es creer, es frontera mental; sin embargo, se duda de Dios.

Mucho se menciona, que el pensamiento es un proceso no fácil de entender, y es cierto; entendemos por experiencia propia, que el pensamiento se convierte en palabras a una velocidad instantánea; podemos decir que el pensamiento es un proceso que se convierte en la palabra o, viceversa; el pensamiento va y viene del subconsciente, es cíclico; y se enriquece con la conciencia, lo imaginamos como un salto cuántico, porque ciertamente puede estar en varias manifestaciones a la vez; pues las palabras son figuras, números, sentimientos, emociones, ideas, conocimiento, valores, información, memoria, deseos, y mucho más. El pensamiento humano es desde milagroso hasta maravilloso; es capaz de imaginar cualquier objeto para materializarlo; es una sustancia invisible que nos permite moldear y modelar cualquier cosa; con una facilidad pasmosa podemos conocer lo que nos proponemos y, cuando somos incapaces, creemos; lo más asombroso es saber que sin conocer la esencia de la existencia, la percibimos, ya sea padeciéndola o disfrutándola; para finalmente comprender que la mente desarrolla la percepción, como la tecnología humana más sofisticada y la más súper desarrollada en el planeta; pues nuestros ojos describen lo que la mente ve; nuestros oídos traducen lo que la mente escucha; sentimos lo que la mente ordena; nos gusta deleitarnos con el pensamiento; por ello se cree que la realidad es mental y desarrolla la percepción colectiva, como una enorme afinidad de creencias unificadas que forman el subconsciente colectivo. Con el pensamiento alimentamos el inconsciente individual y colectivo, es como llenar un gran almacén de información para la acción, que podemos regular en lo consciente. Con el pensamiento somos conscientes que tenemos conciencia. Qué importantes han sido los seres que han aportado al conocimiento, con una actitud positiva por conocer verifican las percepciones; de forma escrupulosa y estricta descifran principios universales; pero también sabemos en la intimidad que el pensamiento posee lo mágico de los sueños. El pensamiento ha sintetizado a los sentimientos intelectualizándolos en valores, como estándares de sana conducta o en sus polos contrarios devastadores; por el pensamiento se han descifrado números de constantes universales para sintetizarlos en fórmulas; para conocer que la frecuencia de onda permite calcular la cantidad de energía; sintetizar la energía nuclear con la masa; sintetizar el espacio y tiempo en velocidad; sintetizar la materia con el volumen en densidad. Los genios del pensamiento hicieron que el conocimiento fuera sencillo de aprender, con la creación de "herramientas mentales" como las matemáticas, hacen embonar a la perfección la teoría, para dar sustento a la materia-energía; el pensamiento descifró la existencia de las informaciones, virtual, ideal, real y artificial; para que, con los números y la geometría, se forme la teoría del espacio-tiempo; con el pensamiento se planteó que toda información puede entenderse como la opción de dos posibilidades, cíclicas; las que pueden convertirse a números binarios para hacer cualquier operación matemática; hoy los Qbits o las unidades de información cuántica, permiten hacer cálculos simultáneos de todas las posibilidades, para acortar el tiempo de soluciones secuenciales a los problemas; lo extraordinario del pensamiento es que da la capacidad de creer a voluntad; para atravesar un espejo; liberar a un genio de su encierro y pedirle cumpla nuestros deseos; percibir los objetos en oro; dar vida virtual a muñecos; e irnos al nunca jamás.

Si alguien nos preguntara que es el pensamiento; ¿qué diríamos, qué contestaríamos?, es lo que más desconocemos pero es lo más intimo que poseemos; es algo invisible que puede utilizarse a voluntad; es una sustancia real no visible que no nos limita, que permite hacer todo; que quizá se propaga en ondas y se manifiesta en partículas mentales; es algo que nos comunica instantáneamente con todo y con todos; es fabuloso como fábula; fenomenal como fenómeno; encantador como encanto; místico como misterio; fascinante como fantasía;

además nos permite tener deseos para llenarlos; nos da la nostalgia como sentimiento del recuerdo para disfrutar una memoria perfecta; nos da oportunidad de hacer nuestra vida en la existencia, aunque no tengamos idea de lo que es; pero, nos permite tener emociones, sentimientos y deseos; nos incita ayudar a los demás; y a percibir cada instante como parte de la eternidad, a percibir cada punto como parte del infinito; el pensamiento es la energía mental de la conciencia para dar existencia al universo.

Es el regalo más extraordinario del universo que se nos ha otorgado, y viene de la mente, probablemente contestaríamos, se confunde y funde con la existencia; porque nos permite disfrutarla siendo felices; nos permite ser honestos; nos permite ser honrados; nos permite ser compasivos; nos permite ser íntegros; nos permite ser bondadosos; nos permite ser un universo de posibilidades a voluntad; pero si eso fuera poco, nos muestra los opuestos para facilitar la percepción como realidad y, adoptar una conducta; para conocer mejor a la existencia y a la vida; nos da la sencillez de la palabra como su esencia; para crear arte, ciencia, literatura, religión, poesía, leyes, economía, medicina, arquitectura; nos da diversidad en la palabra para expresarla y dar sentido a todo. El pensamiento sintetiza la existencia con la vida, los valores, con los recursos, los sentimientos, con los conocimientos, y al dinero con el movimiento de la energía. Lo más creativo del ser, es que el pensamiento nos ha dado el conocimiento, como el recurso capaz de generar riqueza; con el pensamiento, el conocimiento tiene el propósito de ser útil, como su única razón de ser; pues si no tiene utilidad, no es conocimiento.

Si el pensamiento ha facilitado el conocimiento de la existencia y la vida; no podemos más que estar agradecidos utilizándolo para el bien personal y el común. No debemos pasarlo desapercibido por indiferencia; porque nos permite todo como desafío.

Tenemos que ser conscientes que con el pensamiento tenemos todo a la mano, tenemos inteligencia; y podemos encontrar sabiduría separando todo lo negativo del ser; lo que crea injusticia, inequidad, impunidad y corrupción. Hay que difundir que poseemos el tesoro más grande del universo, el que nos comunica con todo y con todos, nunca descansa, no pide nada a cambio, esta a nuestro pleno servicio, y es lo más productivo que tenemos como individuos.

Si quisiéramos regalar lo más valioso del mundo, tendríamos que decir que no podemos envolverlo en papel celofán con un moño dorado; porque es invisible y personal, es un tesoro disponible para todos en todo momento. Es el pensamiento positivo que posee cada ser humano.

La conciencia ayuda y sirve, para reflexionar los pensamientos; por ejemplo, sería muy difícil de convencernos, que para cambiar al mundo con la finalidad de tener equidad y justicia; se necesitan cuantiosas sumas de dinero; sería engañarnos porque lo que se requiere es de voluntad para aplicar la conducta moral, que nos permita manifestar en la práctica los valores humanos, minimizando los valores negativos.

Pensar positivamente es poner la atención en la intención del bien-estar; manifestando la conducta moral; para minimizar la conducta negativa de la mentira y el engaño, que va en perjuicio de todos.

El pensamiento es esencia humana, estará en el futuro, descubrirá más ciencia y revolucionará la tecnología, con mayor eficiencia productiva.

Estudiemos con pasión y deleite, para desarrollar nuestro pensamiento en recursos.

Por analogía, sí el principio de incertidumbre que fundamenta a la mecánica cuántica, de las partículas del átomo, es tan extraño para la física; puede ser que también se lleve a cabo en los procesos del pensamiento, pues es una mecánica tan misteriosa, como lo es el pensamiento mismo.

El pensamiento da existencia; a lo virtual, ideal, real, y artificial. En el inconciente individual y colectivo, se acumula la percepción de la existencia como la realidad de lo físico o lo material; sin embargo se sabe que la materia es literalmente insignificante en proporción al espacio vacío que hay entre partículas; hay muchísimo mas espacio vacío que materia como el que hay entre átomos y moléculas. Lo material de los átomos pierde sentido. Igual en lo interestelar, el espacio es tan inmenso comparado con los cuerpos celestes, que hasta ahora no se visualiza una "ciencia tecnológica" con las expectativas de viajar entre las estrellas, separadas por inmensos "océanos de espacios vacíos".

Como si nos faltara mas asombro, el concepto de vacío parece que no funciona en la naturaleza del universo, pues, se cree que esta lleno de una materia-energía oscura o invisible. Lo material se disuelve hasta confundirlo con el pensamiento.

Los estudiosos de la sicología han calculado que las personas tenemos decenas de miles de pensamientos al día, y que son repetitivos; o sea que a nivel corporal hay vibración mental y de forma física; creando la energía personal.

El ciclo continuo de los pensamientos aparte de que sirve para pulirlos, permite ingresar otros nuevos, para no limitarse a reciclar los mismos. En una constante oscilación o pulsación de subconsciente-consciente, la creatividad aflora sin límites.

El pensamiento esta formado con palabras, la palabra es su esencia, todo pensamiento se expresa por palabras; con el pensamiento se forman ideas para materializarlas como objetos tangibles e intangibles. Todo pensamiento y creación giran en derredor de la palabra, no lo olvidemos. Lo simple y lo sencillo de las palabras, vibrando, son la mayor fuerza humana convertida en potencia.

Por ejemplo, en la conducta moral por el decreto de la conciencia de "no hagas a los demás ni a la naturaleza, lo que no quieres para ti", ya no es necesario hacer el bien, es suficiente con no hacer daño; sin embargo, la intención cuenta tanto como la acción, porque pueden ofrecerse buenas acciones con las peores intensiones.

La palabra tiene en si misma una intención de provecho humano, como verdad; y con su polaridad se manifiesta la percepción de la existencia. La palabra es la esencia del pensamiento para el conocimiento.

Con la palabra se puede analizar la conducta del supuesto sentido común; de admirar la inteligencia del perverso por tener mucho éxito; y denostar al bondadoso como tonto o estúpido; o de adular al funcionario público, en vez de exigirle un buen servicio por el pago ciudadano que recibe.

Los pensamientos son información de conocimientos, así como de objetos imaginados y de creencias; la mente es como un campo de información universal; se especula que puede no estar dentro del cuerpo humano. Porque a veces corporalmente estando en un sitio, nuestra mente puede estar muy lejana inmersa en mundos imaginarios; incluso la imaginación es causa de no atención en donde supuestamente estamos.

La información independientemente si esta dentro o fuera del cerebro, puede sintetizarse en dos opciones como bits (0, 1), abierto o cerrado, cierto o falso, sí o no, etc.; y como sistema de un lenguaje binario, con el cero y el uno puede representarse cualquier número, para realizar operaciones matemáticas; el uso del sistema binario es para codificar cualquier clase y tipo de información; éste sintetiza dos opciones en palabras con números. Los bits cuánticos o Qbits son números binarios de información, pero, con la potencialidad de todas las posibilidades en combinaciones y permutaciones.

La información útil es el conocimiento de cualquier ámbito económico, político y social.

EL CONOCIMIENTO

El pensamiento de los grandes genios, ha creado el conocimiento universal, para aplicarlo como tecnología, con la finalidad de que sea para bienestar colectivo.

El conocimiento es un resultado del pensamiento; es un proceso mental que analiza la veracidad de la percepción e intuición, de la existencia; para separar conscientemente las creencias de lo sensorial sin beneficio, a un proceso que tenga un significado de verdad universal con utilidad de provecho individual y social; de forma escueta puede decirse que el mayor conocimiento al que ha llegado el ser humano, es al de la información de la energía y, a los valores para la moral y la ética; por la capacidad para crear cualquier objeto material e intangible y por el beneficio social que se obtiene. El conocimiento es la síntesis de la información ideal con la información real o material de la experiencia. Por ejemplo, los principios ideales de la geometría y de los conjuntos de números, embonan a la perfección con la información real o física de la experiencia, para convertirse en conocimientos. Los números y la geometría encajan perfectamente con la teoría del espacio-tiempo para el conocimiento de la materia-energía. Los pensamientos ideales cuando pueden ser llevados al mundo de la experiencia de lo material, se transforman en conocimientos y creatividad. La percepción por medio de los sentidos está muy limitada para el conocimiento. Se tuvieron que crear herramientas ideales de la mente para conocer los movimientos que tiene la Tierra, ya que son imperceptibles; para percibir la planicidad si su forma es redonda; entender que en caída libre, la masa adquiere la misma aceleración sin importar las diferentes densidades. Y sin saber a ciencia cierta qué es y de dónde viene la masa, entender su omnipresencia como una ocupación de espacio, con una resistencia al movimiento.

Cuando la ciencia se separo de la filosofía, surgió el conocimiento de los valores y de las ciencias básicas, como son; las matemáticas, la física y la química; aplicadas a las ciencias naturales y sociales, como la biología, la medicina, la psicología, la astronomía, la geología, la arqueología, la antropología, la geografía, la sociología, la psiquiatría, la axiología, y todas las ciencias. Quedando sola la filosofía, en su perenne o constante estudio, para conocer el origen de la existencia. La filosofía o "la amiga de la verdad", hoy se dedica al estudio de los entes y el conocimiento; ó sea, al estudio en general de lo que es el ser y el saber; apoyada por la ciencia su auténtica descendiente, descubre que la información y la energía, son los elementos básicos de la existencia para seguir con su estudio. Existen testimonios históricos del complejo proceso, tanto escrupuloso como riguroso, que desarrolló la filosofía para buscar el origen de la existencia; han sido varios los métodos usados, entre otros, el dialéctico, el intuitivo, el lógico, el deductivo, el inductivo, etc.; donde surgieron los sistemas filosóficos del realismo, del idealismo, del materialismo, del racionalismo, del pragmatismo, etc.; además se desarrolló el concepto del absoluto, como fundamento para crear importantes teorías y doctrinas. Fueron conocimientos que se generaron uno a uno, paso a paso; con los cuáles se fue creando el método científico, el más productivo de la cultura, por ser generador de alta tecnología.

Los principios científicos descubiertos tenían una evolución lenta; para hacer cambios en ellos, generalmente pasaban muchos años; por ejemplo, la mecánica clásica como la parte sustancial de la física, se venía aplicando a toda la materia en los cuatro estados; sólido, líquido, gaseoso y plasmático; sin embargo, a principios del siglo XX apareció de manera inesperada, su hermana, la mecánica cuántica, que revolucionó a la ciencia al conocer el movimiento sumamente extraño que tienen las partículas sub-atómicas, las cuáles tienen un comportamiento como ondas y partículas; las que individualmente pueden moverse simultáneamente a distintos sitios diferentes; y al ser observadas crean una manifestación probabilística de realidad física;

para comprender esa inverosímil mecánica ondulatoria-corpuscular; se hizo necesario tener que recurrir a las matemáticas de la estadística y las probabilidades, para entender el principio de incertidumbre como su fundamento, y hacer de lado el principio de causa y efecto, pero, además pasar por alto a la lógica de no contradicción; para aceptar "la posibilidad de estar y no estar, al mismo tiempo".

Hoy los principios de la teoría de la física cuántica, son utilizados en el desarrollo tecnológico de la electrónica, para un sin número de aplicaciones en todas las áreas.

El "manantial existencial" de la energía e información, hipotéticamente se comporta como ondas de probabilidad, para convertirse en partículas subatómicas; que aparentan salir de la nada.

Ahora mismo las partículas sub-atómicas hacen mover a nuestra sociedad en conjunto, la tecnología las emplea en todos los campos; en el social, el económico y en el político.

La teoría estadística y de la probabilidad, son fundamentales para entender los aspectos aleatorios de la existencia y de la vida; con un sencillo ejemplo entenderemos su gran importancia; cuando en la administración pública se toman decisiones, para resolver la distribución de recursos necesarios y suficientes para los ciudadanos; si no se tienen datos de; cuánta gente hay en una zona, qué edades tienen, cuántas trabajan, cuántas son mujeres, cuántas estudian, cuántos hospitales se tienen, cuántas escuelas existen, etc.; las decisiones serían sumamente a la ligera, serían en base a puras improvisaciones; se cree atinadamente que la acepción de la palabra estadística, viene del vocablo Estado, porque supuestamente fue el primero en aplicar el uso de datos con equis probabilidad.

Haciendo una remembranza como parte de la historia; cuando los Estados Unidos de Norte América se independizaron, sus gobernantes implantaron una política para poblar mejor el país; y fueron pioneros en la aplicación de la estadística; fue cuando en Ellis Island, a cada inmigrante le tomaban sus datos y registraban; edades, nacionalidades, educación, asignación de territorio, género, salud, oficio, profesión, etc. Estos registros fueron fundamentales para el diseño de políticas públicas, además puede comprobarse que implementaron la perforación de tarjetas de registro, o sea que antes del final del siglo XVIII estaban creando técnicas para hacer más rápido el conteo de datos.

Sin la aplicación de las "herramientas matemáticas", de la estadística y la probabilidad, cualquier decisión es pura improvisación, en lo social, en lo económico y político.

De forma consciente observamos que existe un comportamiento al azar en la existencia, y en la vida, es lo aleatorio, por eso cuando deseamos conocer algo, lo aislamos, como si todo lo demás se moviera a su derredor o, viceversa, es lo relativo. Así, se deducen distribuciones y probabilidades de los fenómenos en datos; se conocen tendencias y se pueden inferir resultados; y pueden deducirse constantes universales, a las que no les afectan los cambios, porque siempre se mantienen como datos estables.

La observación de variables de los fenómenos y experimentos controlados, se hace en un número grande de veces para descifrar ciertos patrones; en teoría, las observaciones de los experimentos pueden realizarse en un número de veces calculado, los necesarios para deducir; distribuciones, tendencias, y probabilidades.

Como parte del pensamiento y límite al conocimiento, entienden los estudiosos, que al observar el "mundo subatómico" se cambian las ondas a partículas, alteran su estado al ser observadas; así, no se tiene otra alternativa más que pensar en crear las mejores hipótesis que encajen en teorías, por medio de las matemáticas.

Los modelos matemáticos de la mecánica cuántica han sido verificados exitosamente en la experiencia tecnológica.

Llevar la materia a temperaturas de cero absoluto, es hipotético; pero, se intenta acercar la materia a la temperatura cercana al absoluto cero, para poder observar a las partículas como en una especie de cámara lenta, para captar mejor sus movimientos.

Se dedujo matemáticamente, que el movimiento vibratorio de las partículas, es cíclico y se utiliza para conocer su energía.

Las constantes universales de la energía y la velocidad de la luz, de Max Planck y Albert Einstein, respectivamente, son tan importantes para el desarrollo científico, como la moral es, una constante universal de conducta, que viene de la conciencia humana, para aplicarse en el campo social o de convivencia. Hoy sabemos que la conducta moral aniquila al ego; como la materia a la antimateria.

Podemos observar que la constante universal de Planck, sirve para una fórmula que iguala a la energía con la frecuencia, es la síntesis de energía con ondas.

Y la constante universal de la velocidad de la luz de Einstein, sirve para una fórmula que iguala a la energía con la masa, es la síntesis de la energía en la materia.

Así, también se deduce que la constante universal de la conducta es la moral, cuya fuente es la conciencia, de un decreto para un estándar de conducta sana. La conciencia es inmutable e inapelable; por la conciencia se igualan valores con recursos; se sintetizan intelectualmente sentimientos y conocimientos; ésta es invariable en el ser humano; y es fácil de comprobar, porque a cualquiera podríamos engañar menos a la conciencia.

La moral es un decreto de la conciencia humana, la cual dice "has el bien a los demás con la mejor intensión como lo quieres para ti" o su complemento de definición dice, "No hagas a los demás ni a la naturaleza lo que no quieres para ti".

Sin conducta moral, no se pueden manifestar los valores humanos en la práctica; y sin su observancia es difícil vivir socialmente en armonía y sobrevivir individualmente.

Las ciencias sociales están fundamentadas en los valores humanos, ellos son la esencia del estudio universal para disciplinas específicas; y las técnicas a partir de esas ciencias, son un bálsamo para cuidar la integridad física y espiritual, en las relaciones humanas para el desarrollo social.

Aunque la moral es universal para la conducta humana, su aplicación es volitiva, es de libre albedrío, su práctica no es común; por ello, se requiere de normas y leyes del Derecho, en las diferentes jurisdicciones, para normar la conducta social. Con Leyes de forma coercitiva se pretende la legalidad, como una moral social, relativa al Derecho de un territorio geopolítico o a la legalidad del derecho internacional.

Así se sintetiza la moral con la justicia; "si quieres que se respeten tus derechos, respeta el de los demás, so pena de una sanción o castigo".

La información de la energía, trae intrínsecamente una receta o algoritmo, para realizar cambios, movimientos y transformaciones, de forma cíclica. Y se puede comprobar en la formación molecular de la materia; por ejemplo, el agua es la unión de los gases de hidrógeno y oxígeno en proporción de dos a uno; y aunque estos gases están presentes en toda la naturaleza, para el agua tienen una receta específica de información, para transformar la energía en materia distintiva. Incluso hay estudios con evidencias de que el agua puede guardar información, se ha detectado que posee memoria. De forma empresarial se están desarrollando sistemas para crear agua con información especial con atributos específicos; la memoria del agua se utiliza para mejorar la esterilización en procesos alimenticios y para muchas aplicaciones como es en la producción del aire acondicionado, para no contaminar el ambiente. La materia tiene memoria para guardar información, como el silicio ha sido muy útil en el "mundo cibernético".

Del racionalismo, del idealismo, del realismo, materialismo, pragmatismo, etc.; se interpretaron diferentes informaciones de la existencia; virtual, ideal, real, y artificial o intelectual; para entender las creencias, la percepción y el conocimiento.

También los sentimientos pueden pensarse y expresarse con palabras, y manifestarse en acciones, tanto buenas como malas.

Las palabras pueden ser la información de sentimientos intelectualizados; estándares de valores humanos; si observamos bien, sin darnos cuenta la mayoría de nuestras acciones son influenciadas por emociones. Y también existen valores humanos negativos como opuestos a los valores e igual se manifiestan por los sentimientos.

En la clásica distribución estadística, del ochenta-veinte, en el comportamiento humano; supuestamente la emoción y sentimiento es el ochenta, es información que va y viene del inconsciente; y el veinte es el razonamiento consciente; tener presente esto es muy importante para entender que la motivación viene de la emoción y el sentimiento; lo que nos mueve a realizar acciones con pasión; además de que se tiene el poder para elegir lo positivo de los valores; para usar racionalmente los conocimientos de técnicas para el desarrollo humano; saber emplear positivamente esa mayor tendencia a los sentimientos y las emociones; es tener una inteligencia emocional.

El objetivo primordial del ser humano es tener bien-estar, físico y mental. Es la salud que abarca el entorno colectivo, de alegría, felicidad y paz.

Ahora la medicina moderna ofrece curas alternativas para las enfermedades, recurriendo a las terapias de medicinas milenarias; que han usado algunos pueblos que aún no salen de sus padecimientos de marginación por resistirse al cambio tecnológico; se maximiza el principio de la salud espiritual, como verdadero bien-estar; sin embargo, su oferta va dirigida principalmente a la sociedad económicamente dominante, los pobres no tienen un fácil acceso a esos tratamientos. Como si éstos fueran exclusivos y estuvieran dirigidos a las clases medias y altas, porque supuestamente son quienes tienen mayores problemas por estrés. Sin embargo, esta claramente detectado que el problema de las mayorías es de marginación, pobreza y hambre. Para las mayorías, la mejor terapia en lo individual y colectivo, es la justicia social.

Las ciencias sociales han quedado rezagadas en la aplicación de técnicas; para la distribución de la riqueza, éstas requieren de políticas públicas; pues, es importante que la pobreza no sea perpetua, parece como sí el Estado la financiara; minimizarla es una asignatura que viene pendiente de siglos.

Simplificando, la existencia es la información para la acción de la energía, es una forma de "inteligencia existencial"; pero, la vida aparte de tener esa inteligencia existencial; tiene pensamiento, emoción, sentimientos, memoria y deseos; la inteligencia humana maneja todos los tipos de información que vienen de un conocimiento holístico, asistido por el inconsciente y razonado en la conciencia; es un ciclo mental constante.

La inteligencia humana modifica el medio ambiente para vivir a plenitud; los animales y las plantas se adaptan a él.

La tecnología nos ha apartado demasiado del reino animal, pues, la inteligencia esta muy por encima de la adaptabilidad de la teoría de la selección natural.

Sabemos que pueden hacerse cálculos para conocer con anticipación algunos fenómenos de la naturaleza, por ejemplo, cuándo ocurrirá un eclipse, o el conocer la información de la energía para transformar a la materia; pero, somos incapaces de predecir los sucesos que vendrán a nuestra vida.

Por experiencia propia entendemos, que la vida no la pedimos, se nos da; pero no está hecha, hay que hacerla; y cuándo la hacemos, se acaba, termina; es un misterio, o quizá su información va a otro mundo virtual incomprensible; tenemos que aceptar que los valores humanos son los que más nos identifican con la vida y los conocimientos son los que más nos identifican con la existencia. Así comprendemos que la vida y la existencia son muy diferentes, aunque ambas vengan de lo mismo, lo misterioso de la información.

Se intuye que la información, es la que no se crea ni destruye, porque antes se afirmaba que esos atributos eran de la energía. Por estudios avanzados de la ciencia, los científicos especulan que el manantial y el ocaso, de la energía, hecha forma por su información; es el surgente misterioso de las partículas hasta su aniquilación en los hoyos negros; sin que haya destrucción de su información.

Qué creó la información, es un misterio, aunque para muchos es un creador.

El dinero, es el mayor invento humano, es la información que permite hacer una síntesis de la existencia con la vida. Por ese preciso motivo tiene que entenderse bien el origen y el significado del dinero, como un conocimiento útil, para entender que el conocimiento aplicado, es el movimiento de dinero, como una unidad de energía; para administrarlo con provecho humano y social, de forma eficiente y productiva.

El dinero es una unidad de información de energía útil, con la capacidad para generar riqueza, pero, no es la riqueza. El dinero no puede medir los valores ni la moral, y tampoco puede medir la vida. No puede evaluar lo indestructible de la riqueza, sólo su parte destructible. Por eso el dinero mide los recursos, pero, no es la riqueza.

El dinero no es la riqueza solo mide la parte destructible de ella y sirve para hacer intercambios de recursos en el mercado. La riqueza se crea con ideas para proyectos rentables conectados al ciclo de la economía, así el dinero aparece como por arte de magia y nacen los gurús del éxito.

El conocimiento de la eficiencia productiva, así como el de los principios científicos, y el de los valores humanos para la moral, están estrechamente relacionados con el sistema operativo del dinero, el ciclo virtuoso de la economía, el movimiento constante para crear riqueza económica, en armonía con la política social.

El dinero es información del sistema operativo del mercado, es una plataforma sobre la cual corren las ideologías sociales, para distribuir riqueza y recursos. El capitalismo es el manejo del dinero, es un ciclo repetitivo natural inteligente y virtuoso.

La ideología sirve para diseñar Leyes, que garanticen equidad y justicia, para distribuir los recursos naturales y generados.

La ideología son ideas que sintetizan el bien-estar en acciones. Hasta ahora, se cree que la democracia es la mejor ideología, porque es la que concilia los intereses privados y públicos, individuales y colectivos; es un método de mejora continua, que viene minimizando y superando el autoritarismo humano en todas sus manifestaciones históricas, para erradicar eficientemente; el totalitarismo, la tiranía, la anarquía y la oclocracia o populismo.

Para equilibrar el interés privado con el público, se requiere del talento humano en la administración pública del Estado, para bien-estar social, qué permita convivir en paz y con plenitud de libertad en igualdad.

La democracia es una ideología que sintetiza a la inteligencia existencial del "saber ser"; con la vida que posee sentimientos, emociones, memoria y deseos; para disfrutar el "ser conociendo".

Los tres recursos básicos son; el tiempo, el espacio y la materia-energía; y sirven de guía; los cuáles deben entenderse de forma diferente a como estamos acostumbrados; para desarrollar la eficiencia-productiva.

El cambio es movimiento de la materia-energía en el espacio-tiempo. El tiempo es un cambio constante de la existencia. El movimiento forma ciclos. La velocidad sintetiza al espacio lineal con el tiempo. La información muestra el movimiento de transformación de la energía.

El tiempo en lugar de sólo medirlo para saber cómo se consume; debe entenderse y experimentarse, como los cambios en cualquier proceso.

El espacio en sus tres dimensiones; lineal, de área y volumen; además de medirse, debe experimentarse como el movimiento de cualquier proceso.

La materia en lugar de sólo medirla, además debe entenderse como la transformación de la información de la energía.

La administración de los tres recursos básicos la entenderemos; por los cambios, por los movimientos y por las transformaciones; de la información de la energía.

La interrelación de valores con recursos, es para que los primeros justifiquen a los segundos como riqueza. Los valores son los medios y los recursos son los fines, de la riqueza. Los fines justifican los medios. Por ello, la riqueza debe crearse por medio de la ética y la moral; para la paz social.

En una administración sin moral, la creación de riqueza es improductiva; porque las ganancias monetarias son destinadas al poder del ego.

La productividad es colectiva; una productividad individual es sumamente raquítica y no compite con un sistema integral; donde la creatividad, las aptitudes y las habilidades se multiplican, para el bien-estar tanto individual como social.

El ego es individual y cree que es el artícife de lo productivo, aunque no genera riqueza social, desarrolla la conducta para ultrajar los valores humanos y, apoderarse de los recursos que fueron producidos de forma colectiva.

Es muy fácil detectar al ego; es una conducta de pertenencias exageradas con una gran exigencia de veneración.

Lo admirable en las obras sociales de los seres humanos, es por el trabajo productivo sustentable, sin falsas conductas filantrópicas.

Se puede controlar al ego, mediante la conducta moral, ya que éste es una manifestación del intelecto sin sentido de principios y finalidades; enfocado a la ambición, la vanidad y el orgullo.

El ego crea un ambiente artificial hipnótico, donde todo gira en función de generar más poder de forma egoísta, para vivir del engaño; crea un condicionamiento social, para inducir la voluntad colectiva hacia su beneficio, para que los demás no dejen de ser marionetas del maestro titiritero.

Aunque la gran mayoría sabe y entiende por la conciencia, que todos los seres humanos en esencia son iguales; la diferencia está en la forma de pensar para la educación, para que ésta sea para la superación individual y social.

El objetivo de la humanidad es minimizar al ego, a ese monstruo que tanto daño hace; eliminarlo para desarrollar la equidad y justicia.

Usar todo el poder personal sin egoísmo para servir a la gente, actualmente es una utopía.

Eso no equivale a decir que no hay personas bondadosas con poder, para abatir la causa de la pobreza; y plasmar las mejores ideas de convivencia en Leyes reglamentadas, como el mejor conocimiento aplicable.

Al ego nadie lo elige popularmente para dirigir la administración pública.

A los líderes sociales se les elige para dirigir el bien-estar público y erradicar el ego de lo privado.

Sabemos que la felicidad no se puede comprar y es un fin el cual no debe de esperarse; el mayor poder es ofrecer paz y tranquilidad, como parte de la felicidad; es una verdad que se sostiene por si sola; pero, no debe confundirse el conformismo con la felicidad; porque la paz no inhibe los deseos humanos para generar recursos y riqueza, como aspiración sana.

Es muy fácil entender el método de la eficiencia productiva, sintetizándola en cambios, movimientos y transformaciones, de la información y la energía; desarrollando la velocidad para ser productivos con provecho para todos; porque cuando el beneficio es colectivo, es para convivir en armonía.

Emulemos y demos crédito a los genios que nos han facilitado tener conocimiento universal para aplicarlo.

El éxito no se enseña, se enseñan los conocimientos para tener oportunidad de crear recursos; la creatividad es el detonante para que las ideas se materialicen, y se pongan a funcionar en el ciclo virtuoso económico para generar riqueza, con la finalidad de distribuirla equitativamente.

Los pioneros de las grandes ideas revolucionarias que han creado riqueza, deben entender que todo gira en una función colectiva, lo abundante no se crea por una persona, el Estado tiene que equilibrar el interés público con el privado para sustentar la riqueza; por ello, los creativos y emprendedores, tienen que tener un beneficio extra, pero, sin deteriorar el interés del bienestar publico.

La riqueza integral es el movimiento económico de la política social. La pobreza es una parte de la sociedad que no está integrada al ciclo del mercado, principalmente por no tener un poder adquisitivo adecuado, que cierre el ciclo virtuoso de la economía.

Al igual como el ciclo virtuoso de la economía; existe el ciclo virtuoso de la política social. Ambos tienen que estar coordinados o "en fase", para generar productividad sustentable.

Lo sustentable es lo regenerativo en forma cíclica, natural y automática; como el ciclo continuo de la vida en la naturaleza.

APLICACIÓN DEL CONOCIMIENTO

La mayor potencia generada, es cuando los conocimientos se convierten en recursos.

La tecnología está presente en toda la cultura, es el desarrollo de la ciencia aplicada, como la medicina, la bilogía, la industria, la arquitectura, la ingeniería, administración, etc.; hoy no se puede entender ni comprender; una oficina, un hospital, una empresa, ni el funcionamiento de una ciudad; sin tecnología.

Con los tres recursos básicos, el tiempo, el espacio y la materia-energía; se explican los conceptos del movimiento, la velocidad, la cantidad de movimiento, la aceleración, la fuerza, el trabajo, la potencia y la energía; son conocimientos que se implementaron para crear recursos; También se conocen cuatro fuerzas de la naturaleza; la gravedad, el electromagnetismo, la fuerza débil y la fuerza fuerte, de las partículas nucleares; todo el conocimiento se utiliza para efectuar trabajo controlado; con la energía y la materia que son dos caras de una misma moneda, se desarrollaron las ciencias básicas; de la física, la química y las matemáticas; determinando los cuatro estados de la materia; sólido, líquido, gaseoso y plasmático.

Con los números y la geometría, se estableció la teoría del sistema espacio-tiempo; los números son al tiempo como la geometría es al espacio; los números pueden expresar espacio y lo geométrico puede representar tiempo; las ecuaciones pueden interpretarse con gráficas y la geometría con ecuaciones. De las ciencias básicas se crearon las ciencias naturales y las sociales, como entre muchas otras; la biología, la medicina, sociología, antropología, psiquiatría, historia, etc.; fundamentadas en la ética y la moral, de los valores humanos, que son emociones y sentimientos, intelectualizados.

El desarrollo y el manejo, de la información de la energía, ha sido la base para crear la tecnológica, el logos o tratado de la técnica; aplicada en todas las áreas de la naturaleza incluido el ser humano.

La potencia en física es similar a la productividad como sistema, que involucra a todos los recursos, incluyendo a las personas como su principal componente; es importante comprender bien el concepto de potencia; pues, en la tecnología es la parte sustancial, para realizar trabajo organizado; la potencia es trabajo sobre tiempo, y la potencia aplicada por un tiempo es energía; así la energía se convierte en trabajo realizado. La productividad es trabajo o producción sobre tiempo; pero, necesita de la eficiencia para optimizar el uso de los recursos; porque la eficiencia siempre afecta a la productividad, igual que a la potencia.

Como en la segunda ley de la termodinámica, la entropía, es un desperdicio natural de energía; principalmente por las pérdidas de calor generadas por la fricción que hay en cualquier proceso, sea físico, químico ó físico-químico. Similar es el desperdicio de los recursos, debido al comportamiento humano en los sistemas productivos.

La potencia física es el factor fundamental para desarrollar los sistemas productivos de la tecnología; pero, la gente es más que importante, es insustituible en la productividad.

En ambos casos para obtener potencia y productividad, se requiere optimizar el uso de la energía para no desperdiciar recursos; y de velocidad para efectuar los procesos lo más rápido posible. La eficiencia-productiva es una síntesis de ahorro y velocidad; esos dos atributos están implícitos en las técnicas y la tecnología. Con la finalidad de tener la mayor rentabilidad.

TÉCNICA

Son los conocimientos llevados a la práctica, es una inversión mental para que el conocimiento se convierta en acción, para ello, es necesario primero tener la información útil, para usarla en realizar acciones de forma óptima y repetible, basándose en los conocimientos comprobados universalmente; y entender que se puede realizar cualquier actividad de forma eficiente, sin importar si es un proceso manual o automático, para efectuarlo en cualquier momento y lugar. <Cualquiera puede realizar cualquier trabajo; pero, sólo podrá hacer trabajo con eficiencia, quien posea la técnica adecuada para no desperdiciar recursos>.

TECNOLOGÍA

Es el conjunto de técnicas organizadas metodológicamente, para producción de bienes y servicios en general; hasta ahora, la tecnología es el mejor método para el desarrollo, que ha mostrado su capacidad para satisfacer las necesidades del crecimiento poblacional. Conocemos por testimonios de la historia, que en la antigüedad muchas civilizaciones importantes, crecieron enormemente en número de gente, esto les causo serios estragos, por la incapacidad tecnológica que tuvieron al no satisfacer la cantidad de necesidades, por eso muchas desaparecieron. Hoy, parte de la tecnología social abate el crecimiento demográfico, para hacerlo más estable; lo importante es que se realice por conciencia; pues, hay cálculos que para el 2050, la población mundial llegará a diez mil millones.

Cuando los elementos mecánicos multiplicadores de fuerza y potencia se automatizaron, como son; la rueda, la polea, la palanca, la cuña, el tornillo, el engrane, etc. Y el movimiento del vapor canalizado, con su fuerza y potencia, se usó como fuente de energía mecánica; se dio inicio a la gran revolución industrial entre los siglos XVIII-XIX.

La producción de los metales se incrementó y el desarrollo de la química industrial fue factor para la creación de nuevos materiales; dio inicio el proceso de la laminación del acero estructural; y la petroquímica entró en una espiral ascendente. La productividad masiva y en serie, fue la inspiración para la tecnología.

Los frutos del tercer milenio se deben al desarrollo técnico científico, de los siglos XIX y XX; la revolución industrial fue un cambio de paradigma tecnológico por la gran producción masiva, al aprovechar las fuerzas naturales con su potencia controlada; las ideas creativas para producir recursos, como el acero para los ferrocarriles, para los automóviles, para las edificaciones; para construir vías de comunicación para transporte humano y material; y para extraer petróleo como el mejor combustible con su gran gama de derivados; pero, sin lugar a dudas fue el descubrimiento de la electricidad con sus innumerables aplicaciones; lo que consolidó el cambio radical en lo económico, por la enorme riqueza generada, lo que dio pie a una élite de empresarios acaudalados, en diferentes campos; ese acaudalamiento ha frenado o retrasado el desarrollo social, igual cómo antaño lo fue con los terratenientes y con la monarquía; sin embrago, ese cambio económico favoreció la implementación de la democracia, como un gran avance socio-político. La economía no es una obra unilateral de los empresarios, es un fenómeno social de creación de riqueza de forma productiva, como auténtico patrimonio de la humanidad en sociedad. Aunque siempre hay un reconocimiento muy especial a esos pioneros, que se enfrentaron a la implacable naturaleza, para crear la tecnología capaz de generar riqueza y recursos, para que ahora sirva a todos para una vida mejor con dignidad.

Del desarrollo de ideas o creatividad, surgió la productividad generando riqueza a gran escala; para equilibrarla con la distribución y el consumo colectivo; para formar el ciclo virtuoso de la economía.

Siguiendo la huella de la productividad, se observa que con un mayor impacto en la actualidad está otro enorme cambio de modelo tecnológico de producción masiva, por la revolución de la electrónica, la informática y las telecomunicaciones, con sus múltiples e insospechadas aplicaciones.

El cambio tecnológico sustancial empezó con el descubrimiento de la electricidad y fue verdaderamente fascinante en aquellos tiempos; cuando mentes inquietas comprobaron que el movimiento de un flujo de electrones creaba un campo magnético, y que el movimiento del campo magnético cerca de un conductor generaba en éste un flujo de electrones.

Fue el movimiento relativo entre un conductor y un campo magnético, la utilidad que se le dio al conocimiento de la electricidad; y marcó, desde hace más de un siglo y para siempre, lo distintivo de la creatividad humana para beneficio de su especie; porque hizo posible que los sueños inimaginables se convirtieran en realidad; ya que el trabajo organizado y los quehaceres domésticos, se hicieron más fácil usando una fuente de mayor potencia energética para mejorar la utilización del tiempo, del espacio y la materia.

Conociendo el principio eléctrico para generar o inducir corriente eléctrica; se ingenió mecanizar el movimiento indistinto entre campos magnéticos y conductores, y para hacerlo de forma eficaz, se hizo rotar por medios mecánicos a los campos magnéticos, manteniendo estáticos a los conductores o, viceversa. El movimiento mecánico circular de los campos o los conductores, se automatizó por medio de turbinas desplazadas por agua o vapor de agua; para las turbinas desplazadas por agua, fue necesario ir a caídas naturales de ésta ó provocarlas por medio de presas artificiales; y para las desplazadas por la fuerza de vapor de agua, se usó un combustible para calentar el agua a vapor; ese combustible terminó siendo el petróleo por su potencia calorífica; así el binomio energético de la corriente eléctrica con el petróleo, se unieron inevitablemente, para el desarrollo industrial. Aunque hay varias formas de crear movimiento mecánico circular para las turbinas; el método termoeléctrico a la fecha es el más utilizado.

Por esa situación la energía eléctrica generada está asociada estrechamente al petróleo, como su principal fuente de calor para calentar el agua y generar vapor, para hacer girar mecánicamente a las turbinas; este par de fuentes de energía, eléctrica y calorífica, es el soporte para hacer funcionar la tecnología actual, de la electricidad y electrónica; esa es la razón del porque el objetivo prioritario, es producir petróleo y electricidad, a costos bajos. Hoy por hoy, cuando se consume electricidad se consume petróleo.

El petróleo y la electricidad, son las dos fuentes de energía más importantes para la economía de cualquier nación; por lo cuál ambas son funciones estratégicas del Estado, para su funcionamiento y crecimiento económico.

Las otras formas de fuentes de energía, para hacer girar el movimiento mecánico de las turbinas para la electricidad, son la energía nuclear, la energía geotérmica, la eólica, el movimiento de las mareas, etc. Esas otras formas para generar el movimiento mecánico para turbinas, se están desarrollando tecnológicamente, cada vez con mayor eficiencia productiva, incluyendo a las celdas voltaicas para producción de energía eléctrica, sin necesidad de movimiento mecánico.

Con la tecnificación del movimiento indistinto, entre campos magnéticos y conductores, se creó la inducción del flujo de electrones o corriente eléctrica; así como una bomba hidráulica, no crea el agua, solamente la mueve; igual, el movimiento electromagnético no crea los electrones en un conductor, solo hace que fluyan; y así como el agua corre de una posición más alta a una más baja, también el flujo de electrones fluye de una carga mayor a una menor.

La corriente eléctrica o flujo de electrones, puede generarse de dos formas; continua o alterna; estas dos distintas corrientes inducidas, tienen características diferentes, pero, se complementan; en términos muy generales la corriente alterna tiene ventajas técnicas para transmitir, transportar y distribuir potencia eléctrica.

Sin embargo, para generar campos magnéticos potentes, se hace por medio de alambres de cobre en forma de bobina, pasándole una corriente continua. La corriente continua se puede generar rectificando la alterna y también se puede producir químicamente en pilas voltaicas o en acumuladores de energía eléctrica; estos medios también sirven para crear los campos magnéticos en los generadores, para la inducción de la corriente eléctrica tanto alterna como continua, de forma masiva y constante.

La corriente eléctrica es un flujo de electrones, que puede desplazarse indistintamente por circuitos cerrados, en serie o en paralelo; esas configuraciones de los circuitos, tienen propiedades diferentes, los en serie se usan para derivar tensiones y, los en paralelo sirven para derivar corrientes.

La energía eléctrica, es la que predomina en la cultura y civilización, a las otras fuentes de energía, como la magnética, la calorífica, la lumínica, la mecánica, la química, la nuclear, etc.; pues, ellas regularmente son convertidas a energía eléctrica, porque ésta es más útil, por la mayor facilidad para transportar y distribuir su potencia.

Lo anterior no equivale a decir que los procesos; químicos, nucleares, caloríficos, lumínicos, etc.; sean menos importantes como energía, para el desarrollo tecnológico, solo quiere decirse que cómo fuente de energía, la electricidad es más manejable; por ello, todos los procesos mencionados pueden utilizarse para generar energía eléctrica.

Las principales magnitudes que se controlan en la energía eléctrica son; la intensidad, la tensión, la resistencia y la potencia. La intensidad es el flujo de los electrones; la resistencia es la oposición o la fricción, que enfrenta el flujo de los electrones; la tensión es el diferencial de carga eléctrica entre los extremos de un conductor; y la potencia eléctrica es la multiplicación de la intensidad por la tensión.

Hay una peculiaridad en la corriente alterna, por su alternación cíclica positiva-negativa; su potencia también es alterna, ésta presenta una ineficiencia, cuando en los circuitos la corriente se desfasa del voltaje o, viceversa; es cuando se adelantan o atrasan entre ellas; este fenómeno se manifiesta cuando hay una forma de resistividad reactiva en la carga, originada por los inductores y los capacitares, considerados componentes pasivos.

La electrónica es una especialidad de la electricidad, con un mejor control del flujo de electrones, para controlar la potencia por medio de componentes activos; y la mecánica cuántica es la teoría moderna en la que se basa.

Fue el desarrollo tecnológico de los materiales semiconductores, como el silicio y el germanio, entre otros elementos, quiénes tienen un flujo dual de electrones y iones; los que permitieron el diseño de componentes activos más compactos y con control más detallado, como son; los transistores, los diodos, triodos, tiristores, circuitos integrados, microchips, etc.; estos componentes sustituyeron a los antiguos bulbos, que eran unas bombillas o válvulas de vidrio al vacío, que funcionaban con muchas limitantes; con ese cambio de materiales se generalizó la electrónica del estado sólido; para construir los circuitos electrónicos de forma más eficiente, como son; el rectificador, el amplificador, y el oscilador, entre otros; y además su tamaño se redujo tanto, al grado que se fabrican en micro miniaturas, manejadas con microscopio.

El rayo láser, es un haz luminoso de emisión concentrada, símbolo de la electrónica basada en la mecánica cuántica; los láseres han desarrollado insospechadamente a toda la tecnología; con aplicaciones en medicina, industria, astronomía, armamentismo, etc.;

No se puede pasar por alto, a la fibra óptica, que es un material plástico casi cien por ciento transparente, el cual le permite viajar a la luz, en el mejor medio para transportar enormes cantidades de información, como datos, imágenes, videos, y en todas sus expresiones; con máxima conectividad y velocidad. El manejo de la energía de la luz ha revolucionado la cultura y la civilización.

La electrónica es la tecnología más eficiente para control de la información y la energía; para desarrollar la potencia o productividad en general, y en particular ha desarrollado la automatización y las telecomunicaciones.

Toda la automatización de sistemas y maquinaria, esta basada en el control electrónico, con amplias aplicaciones en todas las áreas, como es en la construcción, la navegación, astronomía, cinematografía, etc.; desarrollando más ciencia para crear alta tecnología e incrementar lo cultural.

Recordando que el uso del fuego en la antigüedad, fue el inicio para crear energía, por medio de la combustión de la madera y posteriormente por el carbón; y hasta la fecha se siguen usando, a un costo social muy elevado. Cuando la combustión sea un recurso olvidado para generar energía, vendrá la era de otra cultura y civilización; esto llevará varias decenas o quizá cientos de años.

El petróleo y el carbón a la fecha, son los combustibles de mayor uso en el planeta; en particular con la petroquímica se han creado industrias de muy diversos productos; y la distribución del petróleo, ha generado una gigantesca industria, incluyendo la tecnología de gaseoductos.

Lo grave es que los hidrocarburos son muy contaminantes y su uso es de grandísimos volúmenes.

La economía global del planeta es la información de la energía útil, manejada en dinero, cuya infraestructura actual esta basada en el petróleo; el interés de los grandes capitales es consumir todo este hidrocarburo, para seguir usufructuando ese modelo energético, antes de un cambio en la base de la economía, para no colapsar intempestivamente muchas industrias que subsisten al derredor del petróleo.

Aunque la tecnología de punta a pasos agigantados está implementando nuevas fuentes de energía, como son la nuclear, la del hidrógeno, la del sol, la eólica, la marítima, y otras; las que puedan combinarse y adecuarse a la geografía de los recursos naturales, y a la orografía de cada territorio.

Otra finalidad tecnológica para mejorar el medio ambiente, es minimizar el uso de papel para escritura, esto será otro paso muy eficiente para el desarrollo; la escritura verde, también con las implicaciones de un cambio de modelo en la economía.

Sin perder de vista que el costo y precio, de un kilo watt hora de energía eléctrica y de un metro cúbico de gas natural, gasolina, turbosina, etc.; son determinantes para la alta competitividad; de país, de empresa y en lo individual.

De forma muy simplificada sin aspirar ni remotamente a difundir ciencia y tecnología, lo que sería demasiado pretencioso; sino con la finalidad de tener una idea muy somera; se puede comentar muy brevemente, la hipótesis que sustenta a la teoría de la estructura de la materia.

Toda la materia de la naturaleza está formada por moléculas; éstas son aglutinamientos de átomos; quienes a su vez están formados por electrones, por protones y neutrones; en configuraciones eléctricas en equilibrio; cada átomo tiene un núcleo integrado por un número de protones de carga positiva y de neutrones sin carga, y al derredor del núcleo gira un número igual de electrones con carga negativa, para neutralizar la carga positiva de los protones y estar en equilibrio; los electrones también tienen una rotación en si mismos o espín.

Con diferente cantidad de energía los electrones ocupan diferentes órbitas y sub órbitas, entre más cercanos estén al núcleo los electrones son de menor energía y entre más alejados estén tienen mayor energía; la energía específica para cada uno de ellos, es de menor a mayor en múltiplos enteros, o sea, su energía está cuantificada en cuántos; cuando los electrones reciben o pierden energía, saltan a otras órbitas más cercanas o lejanas, dependiendo de la cantidad de energía cedida o ganada.

El total de átomos o elementos incluyendo los artificiales, es de ciento diez y ocho, donde el número uno es el hidrógeno y el noventa y dos es el uranio. Cada átomo se identifica, de acuerdo a la cantidad de protones como su número atómico; y su masa atómica es la suma de los protones y neutrones del núcleo.

Para calcular el movimiento y la posición de los electrones, se utiliza una función de probabilidad, como incertidumbre; que no obedece a la ley de causa y efecto; por lo que, no puede determinarse su posición y movimiento, por medio de las leyes de la física clásica.

La validez de la teoría cuántica, está soportada matemáticamente en forma estadística, para conocer la probabilidad, que tiene el electrón de estar en una posición determinada, esa teoría esta comprobada en aplicaciones tecnológicas.

El equilibrio eléctrico de los átomos consiste en que tienen su carga positiva en número de protones, igual al número de electrones con carga negativa; sin embargo, lo estable de ese equilibrio eléctrico, es diferente para cada elemento.

La característica que los diferencia, es su estabilidad del equilibrio eléctrico, y se debe a que en la ultima capa, llamada órbita de valencia, deben tener un número máximo de ocho electrones; cuando tienen menos o más de cuatro, pueden ceder o ganar electrones; porque es mucho más fácil que ganen uno si tiene siete, como cederlo si tiene uno, etc.

Cuando los átomos ceden electrones quedan cargados positivamente; y cuando ganan electrones tienen más carga negativa; este fenómeno de perder o ganar electrones, es lo que origina que haya movimiento eléctrico; porque las cargas iguales se repelen y las contrarias se atraen. El flujo natural de los electrones es su carga negativa. La corriente eléctrica es un flujo de carga negativa.

El electrón es la carga eléctrica más pequeña como unidad básica; pero, por lo pequeño de su carga, la unidad que se utiliza en la práctica es el coulomb, es una unidad de carga eléctrica, equivalente a seis millones de billones la carga del electrón.

Como los electrones tienen una rotación natural en sí, el movimiento o giro de su carga eléctrica, genera un campo magnético en su espín.

Cuando los átomos tienen saltos de los electrones a otras órbitas, destellan luz en cuántos de energía; por ello, la luz es una emisión de energía electromagnética y se manifiesta como un fenómeno ondulatorio-corpuscular. Los cuántos de energía son equivalentes a fotones de luz.

En los procesos químicos los enlaces de los átomos se efectúan por sus electrones en la capa de valencia; y los procesos radiactivos del átomo son por la desintegración de su núcleo, por isótopos, los cuáles se forman cuando los átomos adquieren una mayor cantidad de neutrones respecto al número de sus protones; cuando su masa atómica es más pesada, facilita la desintegración del núcleo; bajo esa condición natural o artificial, ese efecto se consigue, cuando el núcleo atómico es bombardeado por otras partículas similares.

La fisión nuclear es una fragmentación de los átomos y lo inverso es la fusión nuclear como una compactación atómica; así se crean otros átomos; ambos procesos generan una gran cantidad de energía calorífica, mayor en el de fusión.

Los conductores eléctricos son los elementos que tienen átomos que ceden fácilmente electrones; y lo contrario a los conductores, son llamados aislantes, los que son estables en su última órbita, porque no ceden ni ganan electrones.

La característica de los metales es que sus átomos no son estables en su equilibrio eléctrico; cuando por tener menos de cuatro electrones en la órbita de valencia, ceden o desprenden con mucha facilidad sus electrones; es un atributo de los metales el tener siempre una nube de electrones libres.

El magnetismo de algunos elementos, supuestamente se debe al espín de sus electrones; que es el movimiento de su rotación, cuando los electrones son pares en sus órbitas, equilibran sus opuestos de giro, neutralizando sus cargas magnéticas de polos norte-sur; pero, cuando son impares en las órbitas, no se neutralizan en sus giros y sobran cargas magnéticas, la cuales le dan ese atributo, eso sucede en el fierro, y en otros, como los componentes férricos.

Con datos técnicos genéricos como un breviario, mencionaremos que en un centímetro cúbico de cobre, hay aproximadamente 8.5 x 10 a la 22, electrones libres, de forma natural. Por eso el cobre es el material mas usado para los circuitos eléctricos.

El cobre no es un material magnético, sin embargo por ser el más apto para producir flujos de electrones, puede crear potentes campos magnéticos.

A la cantidad de 6.25 x 10 a la 18, electrones libres en un conductor, se le denomina un coulumb de carga, como unidad; y cuando una unidad de carga de un coulomb fluye en un segundo, se le denomina un ampere de corriente, como unidad de intensidad; y cuando hay un diferencial de un coulomb de carga entre los extremos de un conductor, se crea una fuerza electromotriz que hace fluir un ampere, venciendo la resistencia de un ohm en el conductor; a ese diferencial de carga o presión eléctrica, se conoce como un volt, que es la unidad de tensión eléctrica.

Cuando un volt de tensión en un conductor, hace fluir un ampere de corriente venciendo una resistencia, equivale a un watt de potencia; y un watt de potencia por segundo equivale a un joule de energía.

Un cuánto o fotón, tiene una energía aproximadamente a la cantidad de 4.135 x 10 a la -15, eV x segundo (electrón-volt-segundo) equivalente a 6.626 x 10 a la -34, joules-segundo; esa es la cantidad de energía mínima, que se conoce en la naturaleza, y solo puede manifestarse en múltiplos enteros.

Las dimensiones de energía multiplicadas por tiempo son dimensiones de acción.

El número 6.626 x 10 a la -34, Joules-segundo, se conoce como la constante universal de Planck, es una constante que iguala a la energía de los cuántos con su frecuencia de onda. El espín del electrón también tiene una energía definida, es un valor de la constante de Planck reducida.

Los distintos elementos que se conocen de la naturaleza, tienen números cuánticos con una frecuencia específica y crean un color para la vista; cada átomo genera un color distintivo y en conjunto forman el espectro electromagnético.

La constante de Planck iguala frecuencia con energía; esa fórmula le ayudó a Einstein a teorizar la ecuación más famosa de la ciencia actual, $E = M \times C^2$.

La ley de conservación de la materia-energía es universal, establece que éstas no se crean ni se destruyen; por ejemplo, la energía eléctrica puede convertirse en magnética, en calorífica, en mecánica, química, lumínica, etc.; es por eso que todas las unidades de energía tienen equivalencias y existen tablas de éstas para conocer sus valores exactos; Por ejemplo, un joule es igual a 0.24 calorías; un BTU es igual a 252 calorías; un Watt-hora = 3600 Joules; un Kilo watt-hora = 3.6×10 a la 6 Joules; 1 caloría = 4.187 Joules; una Kilo caloría = 1000 calorías = 4187 Joules, una tonelada de petróleo = 41.84×10 a la 9 Joules; una tonelada de carbón = 29.30 x 10 a la 9 Joules.

Por supuesto, como se comento anteriormente, la energía eléctrica puede convertirse a mecánica, a calorífica, a lumínica, a magnética, a nuclear, etc.; y todas entre sí tienen equivalencias.

Sí preguntamos en que compite específicamente la gente; tenemos la respuesta, es en utilizar lo mejor posible la información y la energía, para crear recursos; ese es el conocimiento técnico científico, a lo que más ha llegado el ser humano; porque hoy no sabe lo que es la existencia y mucho menos lo que es la vida, sólo las percibe.

El desarrollo científico sustenta el desarrollo tecnológico, para el manejo eficiente de la información de la energía, con la finalidad de hacerla útil como beneficio económico, en coordinación de la política social.

La evolución técnica de los materiales como son; los metales, los polímeros y las cerámicas; ha modificado el diseño tecnológico para la arquitectura, la urbanización; así como para los sistemas productivos, las herramientas, los instrumentos de medición, etc.

Por ejemplo, algunos plásticos especiales, sustituyen a los aceros ventajosamente en sus resistencias mecánicas sin oxidación; lo mismo sucede con el mejoramiento de los compuestos cerámicos y polímeros, en la construcción de maquinaria y en la edificación de enormes rascacielos, compiten en estética, dureza y resistencia.

Los súper conductores están revolucionando la velocidad en el transporte público.

La biología molecular está participando en la investigación de estructuras orgánicas de alto desempeño; partes de los animales adecuadas para sobrevivir a los climas extremos, son causa de estudio para aplicación industrial.

Se están desarrollando materiales ajenos a la naturaleza; como los nanotubos de carbón, altamente resistentes a nivel molecular, que sobrepasan las propiedades de resistencia mecánica de los metales.

La tecnología está encontrando el equilibrio para una productividad automatizada, en combinación con el ecosistema del planeta; al estudiar detalladamente los ciclos de la naturaleza; en la producción, la distribución y el consumo, de los procesos biológicos. Imitando los diseños naturales que han sido probados en millones de años en el planeta; así, se tendrán conocimientos que plantearán un reciclaje sustentable.

Las sociedades están en desventaja económica-financiera cuando no manejan recursos modernos en información y energía; es una ineficiencia productiva competir sólo con mano de obra barata; la mano de obra como componente del costo de producción, no es un porcentaje importante respecto al costo de venta, como sí lo son los costos de materiales, y otros muy necesarios, para publicidad, estudio de mercado, etc.

Una regla técnica o práctica, es calcular dentro del costo de producción, integrado por <mano de obra-indirectos-materia prima>; para saber ¿qué porcentaje? de los costos de mano de obra e indirectos juntos, representa respecto al costo de las materias primas; si son mayor al veinte por ciento, la tecnología empleada es de muy baja productividad; la alta tecnología se ve reflejada, en porcentajes por abajo del veinte por ciento, de los costos de mano de obra e indirectos, respecto al costo de la materia prima.

Invertir en tecnología moderna de alta productividad es para tener competitividad en los mercados.

Mientras las productividades de alta tecnología implican un bajo porcentaje del costo de producción, respecto al costo de venta; existen empresas e instituciones que tienen productividades muy pobres, con un alto porcentaje del costo de producción respecto al de venta.

Por supuesto que en la productividad también entran en juego los altos volúmenes que abaten los precios en la adquisición de materias primas.

Se tiene que competir en los mercados con tecnología, para no sacrificar a la sociedad laboral con mano de obra barata; e incrementar el mercado interno como la palanca más eficiente, por el poder adquisitivo de los ciudadanos para consumo doméstico; y para competir en el mercado de exportaciones.

Recordar que el ciclo virtuoso de la economía es; la producción, la distribución y el consumo, si no hay un poder adquisitivo que equilibre estos factores, conllevan a no ser un ciclo virtuoso, sino uno perverso e inestable.

Las empresas multinacionales están creando mercados de precios bajos, por los altos volúmenes de compra de materias primas para producción; aprovechan las condiciones particulares de las naciones, que permiten salarios bajos; pero, afectan el nivel de vida de los empleados; es una relación multinacional donde solo importan las utilidades, a un alto costo social; pues siempre habrá empleados, empresarios y administración pública.

El crecimiento económico mal distribuido, crea desperdicio de recursos e insatisfacción humana; por ello, las empresas deben de actuar en base a valores de "equidad, justicia, respeto, confianza, honestidad, honradez y solidaridad".

En la actualidad, por la tecnológica se puede controlar la energía, electrón por electrón para medir la eficiencia de las transformaciones de energía.

Los saltos cuánticos son una transformación de energía para el control de la potencia, como realidad tecnológica.

Recordemos que el dinero es una unidad de información de energía útil, como riqueza, o de la capacidad para generarla por conocimientos; es la información de la energía útil.

No es una casualidad, que las dos constantes físicas universales, mas importantes, la de Planck y la de Einstein, sirvan para el manejo de la energía, son base de la ciencia para la tecnología moderna; sirven para mejorar la eficiencia productiva de los recursos de la cultura; y no deben emplearse para destruir.

Potencia=trabajo/tiempo, similar a, Productividad=producción/tiempo, ambas formulas pueden convertirse en unidades de; dinero/tiempo; como una capacidad de materializar energía para generar recursos, medidos en dinero como riqueza.

La productividad es una medida de capacidad y velocidad; es una unidad de rapidez de procesamiento, similar a la potencia.

Potencia=Trabajo/Tiempo; por tanto, Trabajo= Potencia x Tiempo

Productividad = Producción/Tiempo; por tanto, Producción = Productividad x Tiempo.

La producción es el resultado de la productividad por un tiempo; similar a los kilos watts de potencia en el diseño de los aparatos domésticos o motores industriales; que al funcionar por un tiempo, realizan trabajo consumiendo energía, medida en joules o en kilo watts-hora; estos últimos son los que vienen registrados en las facturas de consumo, para liquidarlas de acuerdo a una tarifa establecida por las compañías proveedoras de energía eléctrica.

La información se procesa para medir la transformación de la energía.

La teoría matemática de la cantidad y la medida, sirven para contar y dimensionar las magnitudes; como el dinero se cuenta y sus transformaciones se miden. Contar para ordenar, combinar, permutar y para conocer frecuencias de distribución de datos en probabilidades de comportamiento; natural, humano, social, económico y político. Y medir para saber el tamaño de los recursos básicos y los creados; medir también sirve para desarrollar la precisión y exactitud de los instrumentos; esas funciones son para tener un mejor conocimiento aplicado, de las transformaciones de la energía.

Contar y medir son funciones que se complementan para el conocimiento, así se mejora la percepción de la realidad física y aumenta la inteligencia. Ambas funciones se traducen en palabras y números, como fundamento de la información de la energía.

Además de contar y medir, se requiere de hacer relaciones de magnitudes, como es la velocidad; la productividad; la potencia; el trabajo; etc.

Por ejemplo, la velocidad de la información para las partículas subatómicas es de forma instantánea, de acuerdo a la mecánica cuántica; para la información a ese nivel, el espacio parece no existir; es como si en un tubo en su interior, relleno de esferas del mismo diámetro y al ras; si se mete otra esfera o la parte de ella que se introduzca; instantáneamente saldría esa misma cantidad al otro extremo del tubo; por estar repleto, completamente comunicado, su velocidad de comunicación sería instantánea, mayor a la velocidad de la luz. El fenómeno de información a nivel atómico está experimentándose en la tele-transportación.

Al principio de la filosofía antigua, se planteaba que el universo estaba íntimamente comunicado, incluida la gente; era para comprender que la información de la existencia estaba comunicada a una velocidad instantánea.

Imitando a la naturaleza tiene que comunicarse la información de los conocimientos, o sea la información útil, lo más rápido posible; para usar tecnología de última generación de informática y telecomunicaciones; así la inteligencia será capaz de tomar decisiones oportunas, en los aspectos sociales, económicos y políticos.

Se requiere crear la mejor infraestructura en comunicaciones para la información, y para el transporte eficiente en todas las vías; terrestres, acuáticas, aéreas y espaciales. La administración de los recursos en general, debe poseer ese mismo atributo similar de información rápida para la comunicación.

Cuando las decisiones se toman tarde o en pasado, son obsoletas; para contrarrestar esa desventaja se deben construir redes de información para comunicar mejor los sistemas; la creatividad para comunicarse viene desde siempre; cuando nuestros ancestros usaban señales de humo o juegos de luz por espejos; después vino el correo, el telégrafo, el teléfono, el fax, el Internet, los teléfonos celulares; todo ha sido para una comunicación más rápida. La necesidad y deseo de comunicación, siempre ha estado, el como lograrla ha evolucionado.

Un ejemplo de información casi instantánea, es la velocidad de información de los recursos representados en dinero en el mercado; es una información instantánea de propiedad o pertenencia; muy diferente al movimiento por consumo y utilización, de los recursos al ritmo de la gente.

De lo anterior se esclarece mejor el concepto de productividad, el que hay que entender perfectamente que en el sistema operativo del capitalismo, la propiedad de los recursos es de los mercados, como fenómeno de la oferta y demanda; para poder mantenerse dentro del mercado es indispensable un dinamismo económico productivo, de tal forma que se mantengan en equilibrio, los ingresos con los egresos; y que haya una utilidad e incremento de recursos, para consumo e inversión; sin desperdicio o abuso, para no afectar el ciclo económico por consumismo; porque éste interfiere el ciclo e incrementa la contaminación por los desperdicios, que generan nuevas enfermedades.

Aunque la gente pueda tener o no, títulos a su nombre; el mercado es el propietario de; bonos, acciones, futuros, hipotecas, seguros, derivados, opciones, etc.; que representan recursos como, inmuebles, bienes de consumo, bienes de capital, bienes financieros, etc.

En el sistema operativo del dinero todos están dentro del mercado. Para tener libertad de acción debe mantenerse una productividad competitiva, para que los ingresos sean iguales o por arriba de los egresos, para soportar embestidas o vaivenes; de recesiones, devaluaciones, depresiones, inflaciones, etc. Para comprobar este fenómeno que se da en el mercado, solo basta voltear la vista, cuando no tenemos ingresos sostenidos o éstos se ven disminuidos por envestidas económicas, en automático nuestros recursos se van de nuestras manos, a otras. Una mano visible llena todos los faltantes productivos.

El control de los mercados no es del todo racional, por ello hay tantos descalabros; la conducta emocional de la gente en grupo tiene mayor influencia, por lo que, aún siendo concientes de ello, los mercados financieros creados por la economía productiva son presas de la emoción más que de la razón; así la información virtual de recursos crece indefinidamente como partículas volátiles que se expanden y se comportan como un gas, que explota por un simple chispazo, muchas veces involuntario.

El círculo virtuoso de la economía incluye al financiamiento; cuya fuerza de campo invisible vigoriza al mercado con la oferta y la demanda de dinero; entre mayor es su densidad de información de energía útil, mayor es su influencia.

Mientras que la información de la plataforma del dinero es artificial, la información del sistema financiero puede ser virtual; en bonos, acciones, seguros, etc. La primera es conocimiento y la segunda es posibilidad; pero, ambas informaciones monetarias sirven para generar riqueza.

Regresando a lo productivo, es antinatural que la energía de un fotón se multiplique, sin que haya un movimiento de energía. Así, la ausencia de movimiento no crea recursos, crea improductividad; como es la falta de fabricación de satisfactores para la vida.

La marginación se da por la falta de recursos; cualquier objeto que no esté dentro de la oferta y demanda del mercado, es indiferente. La gente en la marginación es invisible.

En el mercado más que propiedad particular de recursos, es un auténtico mantenimiento de recursos, por medio de lo productivo soportado en tecnología.

Contra la incertidumbre natural de la existencia, no hay protección segura del riesgo, sin embargo, la tendencia es a protegerse financieramente, para ello virtualmente se mueven enormes sumas de capital, en coberturas de riesgo como son los futuros y derivados en opciones; comparables en cantidad a la suma del producto interno bruto de varias economías del planeta en su conjunto; es una existencia virtual de información, creando la percepción de un mundo sin un contexto productivo; pero, con ganancias de dinero insospechadas para algunos.

Lo más eficiente para no depender de la volatilidad de los mercados financieros es dar movimiento rentable a los ahorros de los ciudadanos en inversiones no especulativas; las inversiones del exterior deben aplicarse en infraestructura de país; con más inversión en tecnología de punta.

La banca de desarrollo es crucial en su desempeño, para la generación de recursos y riqueza, sustentada en eficiencia productiva. El micro financiamiento es una necesidad concreta y con inteligencia puede otorgarse, para hacer participar en la productividad a gente de las zonas marginadas.

El costo del dinero es fundamental para generar proyectos rentables, cuya productividad debe ser en beneficio del bolsillo de los ciudadanos de a pie.

COMO SE PUEDE ENTENDER LA INFORMACIÓN.

La información la debemos de entender en dos claras y diferentes formas, una es la de las creencias cuando no hay conocimientos; dos es la del conocimiento del cambio, del movimiento y de las transformaciones, como información útil en las diversas áreas; de los hechos físicos como fenómenos naturales y la de los eventos o actividades desarrollados por la gente.

Es fácil comprobar que a las creencias y opiniones personales, se les da un uso de mayor porcentaje en la convivencia humana y, un mínimo porcentaje a la información del conocimiento, como es a la ciencia, a los hechos humanos y fenómenos sociales.

La comunicación es al conocimiento, como la afinidad de percepción es a las creencias.

En general tenemos más afinidad con nuestros semejantes por nuestras percepciones, que una comunicación de nuestros conocimientos.

A través de la historia universal han acaecido más muertes por defender creencias sin ningún fundamento, que por cualquier otra causa.

Es relativamente más cómodo desarrollar la realidad a base de percepciones comunes, por creencias, que profundizar en la existencia con conocimientos.

El único medio capaz para penetrar en la percepción de la existencia, es la información útil, ésta puede ser; virtual, ideal, real y artificial o intelectual; las cuales pueden transformarse entre ellas por el pensamiento. Vamos a tratar de definir los cuatro tipos de informaciones, las que ayudarán a comprender que hay existencia; virtual, ideal, real y artificial. Sin embargo, hay una fuerte creencia a definir a la existencia física como la realidad, confundiéndola con la existencia y la vida.

A)-INFORMACIÓN VIRTUAL: Es la codificada en la posibilidad, está fuera del tiempo y del espacio, no es conocimiento; es pura información para posible formación, su campo es virtual; por ejemplo, la existencia de complejos modelos matemáticos, la existencia de las creencias, de la imaginación, de la sugestión, de la superstición, de lo espiritual; aún qué esos sean temas espinosos para muchos; este tipo de información existe por medio del pensamiento, sin restricciones físicas.

B)-INFORMACIÓN IDEAL: Es la codificada en lo ideal, está fuera del espacio y del tiempo, son principios básicos ideales, como los matemáticos de la trigonometría o las constantes universales etc. Es información válida en cualquier tiempo y en cualquier espacio; por ejemplo, la suma de los ángulos internos de cualquier triángulo, es siempre la misma en cualquier lugar; su existencia está en el campo de lo ideal, el de las ideas; es una información del pensamiento puede embonar con la realidad física.

C)- INFORMACIÓN REAL O FÍSICA: Es la que está codificada en lo material o físico, está dentro del tiempo y el espacio, como es la formación de los fenómenos naturales creados por las fuerzas físicas, o de los eventos y sucesos humanos; dicha información también puede expresar destrucción; su campo es el de la materialidad.

D)-INFORMACIÓN ARTIFICIAL: Es la codificada en la síntesis de las informaciones ideal y real, para formular el conocimiento con posible aplicación práctica; es una información que describe la formación objetiva de manera repetible, sustentada en la síntesis real-ideal. Ya que solas esas informaciones serían solo sus auto-descripciones, o repeticiones propias de su campo, sin incremento de conocimiento, sería como decir un triangulo tiene tres ángulos. Para que haya incremento en el conocimiento se requiere de una síntesis; o sea agregar parte de lo ideal a lo real y, viceversa; pues lo que nuestros sentidos no pueden percibir lo suple lo ideal; por ejemplo, conocer que los metales tienen un índice específico de dilatación por el calor que reciben. El fenómeno de dilatación se expresa en una relación aritmética ideal, la que describe un fenómeno físico real, para generar un conocimiento; así la mente utiliza lo ideal del tiempo para un momento específico y lo ideal del espacio para un lugar concreto; igual se hace para formular las leyes de la física. La existencia del conocimiento es artificial y está en el campo intelectual; como por ejemplo, las leyes de la física, de la química, la biología y todas las ciencias, ya que éstas requieren de información ideal-real; así mismo sirve para describir todas las leyes del movimiento, de todos los fenómenos, los cuáles pueden ser naturales, humanos y sociales.

Saber diferenciar el tipo y las formas de información, es contar con una piedra de toque, indispensable para aspirar a ser inteligentes, eficientes y productivos.

Las creencias funcionan por la afinidad colectiva de la percepción como realidad física, por ejemplo, el dinero funciona porque la gran mayoría cree en eso; y el tiempo funciona y se mide lineal hacia delante, porque la mayoría lo cree así; y el espacio es tridimensional por la misma razón.

Sin creencias, la mayoría de la gente no se hubiera atrevido a realizar tantas proezas.

Hay una hipótesis moderna que propone que la existencia es bidimensional, que todo es plano, pero, que es nuestra percepción la que se manifiesta en tres dimensiones. Si esto es cierto, los pintores del cubismo como Picazo, se adelantaron a la ciencia moderna.

La percepción humana, es la tecnología más sofisticada y la más desarrollada en miles de millones de años; es en pocas palabras dar sentido a los sentidos; es la creación mental de los sentidos; la percepción sensorial es de acuerdo a lo que ordena la mente por el pensamiento; los ojos describen lo que la mente ve, los oídos traducen lo que la mente oye; si esto es verdad la realidad es mental no material; se tiene que dar más atención a lo mental; porque la información real o física también viene del pensamiento.

Sí la existencia es información mental y crea las distintas percepciones, la información virtual de lo espiritual, también tiene existencia; como dice el dicho popular "sin ver a Dios se siente su presencia".

La percepción es a la información mental, una afinidad colectiva; como el conocimiento es a la ciencia, una comunicación universal.

La existencia es de múltiples formas, por eso la creatividad se magnifica, para crear cualquier objeto material e intangible.

Se tiene que comprender porque los países a la vanguardia de la ciencia, son los que tienen mayor capacidad de estudiar profundamente, para conocer a detalle los extremos de la existencia; como son los aspectos más ínfimos y esenciales, de las partículas subatómicas; por el otro lado, están viajando para conocer las indefinidas o infinitas enormidades del universo, como galaxias, hoyos negros, cuásares, etc.; usando en sus investigaciones científicas, la ultima tecnología sofisticada y a veces muy particular para desarrollar; nanotecnología; tele-transportación; exploración del espacio galáctico; aplicaciones de la física cuántica en la electrónica y los rayos láser; decodificación de enfermedades en el mapa del genoma humano; generación de energía nuclear, solar, del hidrógeno, etc.

Por ejemplo, el agua siendo un líquido formado por dos gases, tiene propiedades físicas que no corresponden a los líquidos; tecnológicamente la están desarrollando como una fuente de energía de hidrógeno, para activar motores de movimiento mecánico para uso universal; también se está emulando técnicamente el proceso fisiológico de los árboles; para descontaminar, descomponiendo las moléculas de la exagerada cantidad de bióxido de carbono que se ha acumulado en la atmósfera, para separar el oxígeno del carbón.

Se está desarrollando composta en los enormes depósitos de basura, es un súper abono agrícola; además de separar lo inorgánico de la cadena alimenticia, convertir lo orgánico en nutrientes en grandes volúmenes económicos, para utilizarlos en las zonas desérticas con la finalidad de hacerlas fértiles. Utilizando el poder combustible de los desechos que no son no reciclables, para convertirlos en gas como fuente de energía generadora de electricidad.

La era energética de los hidrocarburos está por desaparecer en los países desarrollados, llegó la era del aprovechamiento de la energía de forma limpia y racional, basado en la ciencia y la conciencia; por medio de la eficiencia productiva.

La mentalidad humana es altamente productiva cuando usa su poder para mejorar el uso de la información de la energía; para estructurar la información y transformar la energía limpia en objetos de provecho colectivo, usando los recursos naturales y los artificiales creados por el intelecto.

Se necesita una comunicación que permita erradicar las mentiras del ego, que tiene acorralada a la humanidad en un callejón sin salida.

Se puede formar una masa crítica de personas para hacer un cambio colectivo de ética y moral, para que se respeten los derechos humanos de manera universal; sería un número de gente necesaria y suficiente, que engendre un movimiento mental de reacción en cadena para erradicar el ego; no más mentiras a los ciudadanos; eso puede realizarse usando las redes sociales.

El subdesarrollo es un problema, principalmente por utilizar información falsa, creando un caos organizacional colectivo, porque no se cuenta con información verdadera o útil, para desarrollar recursos.

En la injusticia se recurre al engaño de forma sistemática, para justificar la desigualdad; y la resistencia al cambio, para utilizar información útil o verdadera, es provocada en el subdesarrollo.

LA CADENA EFICIENTE DEL DINERO, SU INTERACCIÓN CON EL CICLO ADMINISTRATIVO Y CON EL CICLO DE LA ECONOMÍA

El dinero sintetiza a la existencia con la vida, a los valores con los recursos y a los sentimientos con los conocimientos.

Tenemos que acostumbrarnos al conocimiento del intercambio de energía, igual como el intercambiar mentalmente los tipos de información útil; para comprender que este es un paradigma natural y universal, que lo utilizamos de forma artificial en el manejo normal del dinero como divisas intercambiables.

Vamos a mantener en mente que estamos visualizando tres ciclos artificiales cerrados, repetitivos, creados por la inteligencia humana.

El ciclo administrativo.

Su inicio es la planeación, conectada con su final el control, por medio de la organización.

El ciclo de la cadena eficiente del dinero.

Su inicio el la eficiencia física, que se conecta con su final la eficiencia financiera, por medio de la productividad competitiva en el mercado.

El ciclo virtuoso de la economía.

Su inicio es un costo, que se conecta con su final el precio, por medio del consumo en el mercado.

Recordando que cada uno de ellos está compuesto por una serie de ciclos más pequeños, identificados como acciones o actividades, repetitivas, para los procesos físicos y para procedimientos administrativos.

Cualquier persona puede ser productiva con la actitud y la aptitud, para desarrollar dos atributos del conocimiento, <el ahorro y la rapidez>; para administrar las actividades personales y organizacionales, con eficiencia y productividad.

Hay cuatro requisitos para crear un plan de trabajo, o sea, para antes de iniciar el ciclo administrativo; esos requisitos son:

PRIMERO)-Tener creatividad o habilidad mental para desarrollar un objeto, ya sea material o intangible, con la finalidad para cubrir necesidades o deseos, en un mercado conocido, o cubrir las necesidades de la ciudadanía por la administración pública. Tener satisfacción de servir como motivación para hacerlo con gusto; pues, toda persona posee una cualidad especial que interesa a los demás, quienes están dispuestos a pagar por que satisfagan sus requerimientos.

SEGUNDO)-Poseer la voluntad infranqueable, para generar ahorro e invertir, esto es cuidar la relación "ingresos ≥ egresos", para crear una rentabilidad y sostenerla, por medio de una adecuación práctica donde la solvencia sea hacer que los gastos sean menores que los costos; no importa el monto de esa diferencia, lo importante es tener disciplina del ahorro para efectuarlo.

TERCERO)-Conocer el significado del dinero para generar recursos, aplicando su método eficiente, eslabón por eslabón; la disciplina es la parte medular para controlar el orden; porque las utilidades se obtienen por cuidar todos los detalles, y las perdidas se absorben por la indisciplina de no organizar los planes de trabajo para controlarlos.

CUARTO)- Desarrollar los valores humanos, para actuar con ética y moral, esto es muy importante para crear un ambiente de confianza, solidaridad e integración.

Cubiertos esos requisitos, puede llevarse a la práctica el ciclo administrativo, en cada eslabón de la cadena eficiente del dinero y ésta aplicarse en cada uno de los segmentos del ciclo virtuoso de la economía.

Es sumamente fácil aprenderse los principios de la administración, para aplicarlos a la cadena eficiente del dinero, para generar la eficiencia productiva, en cada uno de los segmentos del ciclo virtuoso de la economía.

Los principios de la administración son:

1) La planeación.

2) La organización, y

3) El control.

La creatividad se manifiesta en cualquier proceso o ciclo productivo, para una gestión; por ello puede utilizarse indistintamente en todos ciclos. La creatividad es la habilidad mental para crear cualquier objeto físico e intangible o para realizar cambios. Aquí lo ponemos en el inicio del ciclo virtuoso de la economía; pero puede estar también en el inicio de los otros ciclos.

La cadena eficiente del dinero: está compuesta por cuatro eslabones conectados al mercado; estos son:

A. La eficiencia física;

B. La productividad o velocidad de proceso;

C. La calidad o eficiencia de resultado;

D. La eficiencia financiera o rentabilidad, se une con,

E. El mercado, en cada uno de sus segmentos.

Todos los pasos de la cadena eficiente del dinero se deben de planear, organizar y controlar.

Los segmentos del ciclo virtuoso de la economía son:

I. la creatividad.

II. la producción.

III. la distribución; y

IV. el consumo.

Todos los pasos del ciclo virtuoso de la economía, además de planearse, de organizarse, y de controlarse; deben evaluarse en eficiencia física, en productividad, en calidad, en eficiencia financiera, y en atención al mercado.

En pocas palabras, es administrar los pasos de la cadena eficiente del dinero en cada segmento del ciclo económico.

Aterrizando nuestro pensamiento en el bienestar, hagamos un bosquejo de cómo se hace la riqueza manejada en dinero; igual que un artista inicia al pintar un cuadro; comienza con una idea o proyecto quizá del inconsciente, y la va plasmando sucesivamente hasta hacer aparecer la imagen como si fuera por arte de magia.

Estar conscientes de que el conocimiento tiene la función de ser útil; si no lo es, no es conocimiento; el conocimiento es de dominio universal solo hay que aplicarlo.

Vamos a describir los eslabones de la cadena eficiente del dinero.

A. No desperdiciar los recursos para optimizarlos.

Optimizar el uso de los recursos básicos; tiempo, espacio y materiales; por medio de un control disciplinado cotidiano, basado en un presupuesto previamente elaborado. Es aquí donde se debe entender que la contaminación en cualquiera de sus causas es un desperdicio mayúsculo que afecta a la humanidad; por lo que, tiene que medirse la huella ecológica, para saber de que tamaño es la participación particular al sobrecalentamiento del planeta y a la toxicidad de la cadena alimenticia.

B. Hacer las transformaciones de creación o producción lo más rápido posible.

Desarrollar la mejor velocidad en los procesos, usando la mejor tecnología sin escatimar posibilidades; es importante recurrir a la gente que tiene conocimientos para mejorar la velocidad de procesos e información.

Emplear la mayor potencia mecanizada y automatizada, adecuada a las necesidades.

Hay sistemas integrales de administración, donde los cargos y abonos, de las entradas y salidas, son registros automáticos de acuerdo a los datos capturados; toda la información está entrelazada para administrar sistemáticamente el dinero, bajo la técnica contable de la partida doble; con llaves y candados, para acceso con control en la manipulación de la información bajo autoridad-responsabilidad.

C. **Cubrir calidad de los objetos creados y fabricados, sobre especificaciones.**

Llevar un control estricto de calidad bajo especificaciones para eliminar causas de no conformidades, con un programa de mejora continua. Evaluar el desperdicio y conocer la cantidad, para minimizarlo.

D. **Tener una utilidad económica y social.**

Plantear el riesgo de inversión y calcular la utilidad del costo-beneficio del proyecto, como objetivo prioritario; una vez conseguido el beneficio de una utilidad financiera y social; cuidar la fórmula infalible de solvencia económica; con una disciplina férrea e inteligente, para adecuar la regla de oro, INGRESOS $\geq$ EGRESOS, con la finalidad de invertir de forma racional.

E. **Participar competitivamente en el mercado o en el campo social.**

Crear una conducta de servicio en el mercado o para la sociedad civil, con un interés auténtico por satisfacer las necesidades. Es en esta parte donde se puede ver claramente que la sabiduría es llevar a la práctica los valores humanos, por medio de la conducta moral y ética. Estudiar el mercado como la palma de las manos.

Cada uno de los pasos de la cadena eficiente del dinero puede consultarse en el libro de "Productividad"; sin embargo, para aplicar el conocimiento de la cadena con éxito, es indispensable cubrir tres reflexiones de conducta hacia los demás.

❖ **No criticar:** para respetar opiniones y consensuar ideas en acciones.

❖ **Escuchar a todos:** para dar atención a las intenciones.

❖ **Reconocer logros:** para ofrecer beneficios acordes.

Hacer de esas reflexiones una forma de vida organizacional normal que permita tener tranquilidad para pensar y disfrutar, es la identificación con la colectividad; como cada grano de arena es necesario para una playa del mar; o una gota de agua para el océano. La eficiencia y la productividad, están entrelazadas con el conocimiento y el dinero; es una interdependencia recíproca e inevitable.

La cadena eficiente del dinero se lleva a cabo en cada segmento del ciclo económico; para que se aplique cada eslabón de la cadena del dinero en la producción, en la distribución y en el consumo.

O en otras palabras, cada parte o segmento del ciclo virtuoso de la economía debe administrarse para tener mejor eficiencia física, productividad, calidad y eficiencia financiera.

Con un poco de imaginación podemos ver como si fueran engranes acoplados para tener un movimiento coordinado; el primer engrane sería el proceso administrativo, para hacer girar al otro, que es la cadena eficiente del dinero, para que éste dé movimiento a cada sector del ciclo económico. La eficiencia en el manejo del dinero, sirve para calcular como se utilizan los recursos y que desperdicio tienen; para conocer como el desperdicio afecta a la velocidad del proceso o productividad. Todos los recursos son los derivados; del tiempo, del espacio y de materia-energía; traducidos a dinero; y deben incluirse los recursos intangibles, como son los conocimientos; para cuidar que no se desperdicie el talento.

La productividad es una medida de velocidad de transformación en conjunto o sistema, para generar riqueza por medio de la energía; es una medida de potencia para hacer el procesamiento rápido, para crear o producir objetos materiales y sociales.

Estamos analizando particularmente la eficiencia productiva, pero, debe entenderse nítidamente cuál es su ubicación en la generación de recursos; para estar coordinada con los otros dos ciclos eficientes, el administrativo y el económico.

Si el ciclo administrativo se frena, detiene a los otros ciclos; así también si el proceso de la cadena eficiente se atrofia afecta a los otros, lo mismo pasa si el movimiento del mercado se paraliza.

Los resultados en velocidad son directamente proporcionales al nivel de productividad neta, es como cuando se conecta una máquina que posee equis caballos de potencia. Así igual son los resultados que se obtienen de forma personal, familiar, organizacional, institucional, nacional y multinacional; de acuerdo a los conocimientos y recursos. El pensamiento creativo o inteligencia, relaciona al conocimiento de las técnicas, con la eficiencia productiva y con el dinero.

El modelo de la simplificación del trabajo para la producción en serie, es sin duda el más destacado desde el inicio del siglo XX; es un sistema productivo que se aprovecha de forma universal, para los procesos en general y también para los procedimientos de la administración, en la iniciativa privada y en el sector publico.

La fisiología de la eficiencia productiva, es simplificar lo complejo para hacer cualquier actividad de forma fácil y rápida, cíclicamente para generar potencia y materializar energía, de forma sostenida; su finalidad es convertir los costos involucrados de los procesos productivos, en precios competitivos en el mercado. Existen empresas que inmersas en un mar de competencia, dan servicios y ofrecen productos, más caros y por su ingenio, cubren deseos que los hacen atractivos.

La eficiencia se interpreta como una cadena de eficiencias, que afecta la productividad o velocidad de transformación de la energía; y puede ser física, mental o espiritual; sólo hay que identificarlas por su información porque no hay todas las recetas posibles.

La productividad en cualquier sistema, es similar a la potencia en física; productividad es igual a producción sobre tiempo; la potencia es igual a trabajo sobre tiempo.

Fuerza por distancia es igual a trabajo; y trabajo sobre el tiempo es potencia, similar a la productividad, que es la producción sobre tiempo. Quizá aparente mucha complicación; pero es lo más elemental que hay, para comprender que la productividad también es trabajo sobre tiempo; por ejemplo, el número de piezas fabricadas por minuto; o más subjetivamente, el aprendizaje adquirido en un tiempo o la elaboración de reglamentos en un tiempo; en estos dos últimos el tiempo ocioso y el tiempo muerto, sí los hay, son costos que restan a la productividad.

Para facilitar nuestra comprensión de los conceptos, puede analizarse sobre que objeto se trabaja; para clarificar el conocimiento; por ejemplo, el objeto sobre el cual trabaja un carpintero es la madera y su finalidad es fabricar artículos de ese material; así el herrero trabaja sobre el hierro, para producir artefactos de fierro; el objeto sobre el cual trabaja la física es el movimiento, para extraer las leyes que la rigen. La estadística trabaja sobre la dispersión de datos de información, para formular modelos de distribución e inferir resultados.

La productividad trabaja sobre la optimización de la velocidad y su finalidad es generar riqueza en abundancia.

La productividad empírica, es cuando ésta no se analiza ni evalúa; pues sus datos simplemente se toman de la experiencia; porque de una u otra forma, siempre hay una referencia de productividad, en todo proceso de creación o fabricación.

La productividad es un dato de capacidad y velocidad de creación o producción; ya sea estructurado intelectualmente o por experiencia; la productividad siempre está mermada por desajustes, por falta de alineamiento y por desnivelación; además de que se ve muy afectada, por el desperdicio de los recursos o insumos de la producción. Las causas que pueden estar mermando la productividad se dividen en dos, englobados en varios aspectos; uno, por falta de mantenimiento a los equipos e instalaciones; y dos, por falta de capacitación para operar los equipos y desconocimiento de los procedimientos.

Para poner a punto la capacidad y velocidad de producción o creación, se debe hacer por medio del mantenimiento necesario para ajustar, nivelar y alinear; los equipos, los sistemas, y los procedimientos; además, de capacitar a los involucrados en la operación práctica.

La formula de productividad es:

Productividad=Producción/tiempo; y puede ser totalmente empírica.

Al analizar y evaluar sus datos la productividad se convierte en neta o estándar, como el producto de la eficiencia total, de los tres recursos básicos o sus derivados, que multiplican a la productividad estructurada de diseño, aceptando que ésta, está dentro de los parámetros normales; o debe cubrirse cualquier falla para ponerla a punto.

Productividad de diseño

Productividad neta o estándar = (Eficiencia total) X (Producción/tiempo)

La eficiencia total, se calcula multiplicando las eficiencias parciales; de tiempo, de espacio, y de materia-energía. Es la multiplicación de tres proporciones, que pueden convertirse a porcentaje al multiplicar su resultado por cien.

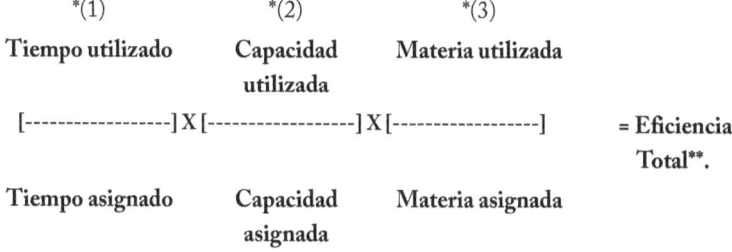

*En las relaciones aritméticas de las tres eficiencias, el numerador es lo utilizado y el denominador es lo que se empleó o asignó; (1) de tiempo, (2) del tiempo utilizado de la capacidad instalada y (3) la recuperación de la materia prima o materiales en productos.

**La proporción de eficiencia total, es una fracción de la unidad en números decimales, cuando se multiplica por cien da un resultado en porcentaje para tener una mejor apreciación; pero las operaciones siempre se hacen con números decimales. A la eficiencia total, sólo le faltaría multiplicar la eficiencia de calidad para obtener la eficiencia neta, este paso es muy importante para el análisis de costos.

Vamos a poner un ejemplo numérico para visualizar un resultado: suponiendo que el tiempo aprovechado o el utilizado son 7 horas, del tiempo asignado de 8 horas, su resultado es 7/8=0.875; así, para la capacidad instalada se aprovecharon 9 máquinas de 10 asignadas, el resultado es 9/10=0.90; y sí entraron 100 kilogramos de materia prima a proceso, y salieron 75 kilogramos de producto terminado, el resultado de recuperación es 75/100= 0.75; Al multiplicar las tres eficiencias parciales tenemos; 0.875 x 0.90 x 0.75=0.59; en porcentaje representa el 59% de eficiencia total.

Por otro lado si hubo un rechazo interno por no conformidad de calidad, de 7 kilos de los 75 que se produjeron, el resultado es 75-7/75=0.90; al multiplicar la eficiencia de calidad por la eficiencia física total se tiene: 0.59 x 0.90=0.53; o sea, que la eficiencia neta es de 53%; el 47% se desperdició en tiempo y energía. Si la capacidad y velocidad de diseño, ó sea, la productividad establecida, son de 80 kilos en 8 horas, 10 kilos/hora; ésta disminuyó a 10 x 0.53 = 5.3kilos/hora.

Esa sería una productividad muy baja respecto a la potencia establecida en el sistema; afectada por la ineficiencia al operar la velocidad del procesamiento. Es dinero convertido en basura, cuando hay mucho desperdicio de recursos y lentitud en el proceso, se hace muy pobre la competitividad. Sin embargo, los resultados qué se ven en el ejemplo no son muy ajenos a la práctica en muchas organizaciones del mercado.

(1)-La eficiencia de tiempo se conoce como **Eficiencia de operación:** es la que esta relacionada con los tiempos del manejo de materiales, respecto a todas las demoras y tiempos muertos, referentes a ese manejo.

(2)-La eficiencia de utilización de capacidad, se conoce como **Eficiencia de capacidad instalada:** es la que está relacionada con el tiempo que se usa la capacidad productiva instalada, respecto a todas las demoras y los tiempos muertos, en que esta ociosa la capacidad instalada asignada o de tiempo calendario.

(3)-La eficiencia de materia, se conoce como **Eficiencia de recuperación:** es la que está relacionada con la materia que entra a proceso y lo que sale como producto, para conocer el desperdicio de proceso y por errores; además de saber la recuperación de la materia como producto elaborado.

La productividad neta es un dato de velocidad, y sirve para calcular la producción en un tiempo asignado, o para calcular la capacidad instalada en un tiempo calendario.

La productividad neta multiplicada por tiempo, es la producción o trabajo realizado, su formula es:

[Productividad neta] x [Tiempo de proceso] **= Producción.**

Se puede desglosar:

.............................Productividad neta.............................

[(Eficiencia física total) x **(eficiencia de calidad)]** x **(Producción/ tiempo)]** x **[Tiempo] = Producción.**

Las unidades de tiempo tienen que ser las mismas para la productividad y para el tiempo de proceso. Y el trabajo o producción en unidades conocidas, por ejemplo; piezas, kilos, litros, metros, o convertidas a dinero en moneda corriente. La fórmula de productividad estándar, es la eficiencia que multiplica al trabajo entre tiempo, o sea la eficiencia afecta el desarrollo o velocidad de transformación; en general en cualquier campo de la administración, la producción realizada es la productividad estándar multiplicada por el tiempo de procesamiento.

La productividad estándar cuando se multiplica por la eficiencia de calidad, es para obtener la productividad neta.

[Productividad estándar] x [Eficiencia de calidad] = Productividad neta.

La eficiencia de calidad también es una proporción de la producción menos su rechazo, sobre el total de los productos fabricados.

$$\text{Eficiencia de calidad} = \frac{\text{Total de producción menos el rechazo}}{\text{Total de producción}}$$

La eficiencia de calidad se calcula por separado, para saber el desperdicio acumulado de valor agregado por mala calidad, para corregirlo detectando sus causas, para eliminarlas y mejorar el nivel de confiabilidad.

La razón de porque debe hacerse esta separación de la eficiencia física total y la de calidad, es simplemente porque todos los procesos de fabricación o los procedimientos administrativos deben ser previamente probados para ajustarse en lotes pilotos, antes de poner en marcha propiamente la fabricación; para verificar que se cumplen las normas y especificaciones, de calidad certificada.

La rentabilidad o eficiencia financiera, es el precio de venta en el mercado sobre el costo de producción más gastos de administración y ventas; adelante, en la gráfica de la cadena eficiente del dinero, está expresada su fórmula. La productividad puede ser una velocidad de un sistema manual o automático; es la velocidad diseñada de proceso; que siempre es afectada por la eficiencia de utilización de los tres recursos; tiempo, espacio y materia. Con un ejemplo simple puede entenderse bien que es la capacidad de velocidad de proceso diseñado; por ejemplo, el decidir emplear a un grupo de siete o de diez personas, para tener una velocidad y capacidad equis, para empacar un producto; o acoplar un motor de siete o de quince caballos, para garantizar una velocidad para una máquina; por supuesto con un costo y rentabilidad diferentes.

La velocidad de proceso es independiente, a cuidar que no haya desperdicio para optimizar los recursos básicos y sus derivados.

La estructura o diseño par la velocidad del proceso productivo, están determinados por la potencia, ya sea manual o mecanizada.

Los insumos que intervienen en los procesos productivos, son los que tienen que cuidarse para no desperdiciarlos, para que no alteren la productividad del diseño; por ejemplo, una máquina diseñada para fabricar cien artículos por minuto, puede ver reducida su velocidad o capacidad de producción, a noventa productos; sí hay pérdidas de tiempo por fallas en entregas de los materiales de almacén; o cuando los materiales de proceso están defectuosos y se desperdician.

Los costos para la inversión están más identificados con el diseño de la velocidad de proceso o potencia; y los gastos de operación están más identificados con el manejo eficiente de los insumos o recursos consumibles.

Entender lo esencial de la relación, eficiencia-productiva; como el conocimiento de la técnica para realizar el trabajo rápido y de forma eficiente.

El conocimiento tiene una relación directa con el dinero y con la productividad; es necesario tener muy claro que para ser productivos se requiere de conocimiento pleno, para hacerlos prácticos y anteponerlos a las acciones; el conocimiento es muy necesario, pero, es indiferente sí no se aplica con el fin de mejorar la productividad.

La eficiencia física total se calcula de forma independiente, a la productividad de diseño de los procesos; pero, ambas coexisten y son inseparables en la práctica. La cadena eficiente del dinero, es una cadena de eficiencias en lo físico y financiero; dentro de lo físico, la calidad es una eficiencia del resultado esperado.

La cadena del dinero se aplica de forma universal, porque el sistema de operación del mercado es el dinero; éste es usado en cualquier campo, de producción, de distribución, y de consumo; e incluye a lo social, económico y político; es movimiento de recursos; el dinero es el que mide cualquier recurso, o más bien todo lo que puede medirse con dinero, es un recurso.

En la cadena eficiente del dinero, la productividad está insertada como un factor para generar recursos a velocidad; pero es afectada por los eslabones de eficiencias que siempre son fraccionarias, reduciendo la velocidad.

El cuadro siguiente da un panorama completo de cómo se van moviendo los eslabones de la supuesta cadena eficiente del dinero; sería conveniente aprenderla de memoria, para analizar subjetivamente, cuando un proceso o ciclo no está funcionando, o bien para mejorarlo.

DIAGRAMA DE "LA CADENA EFICIENTE DEL DINERO"

(A)　　　　(B)　　　　(C)　　　　(D)

$$(\text{EFICIENCIA}_{\text{FISICA}} \leq 1) \times (\text{PRODUCTIVIDAD}) \times (\text{CALIDAD} = 1 \pm t) \dashrightarrow \text{EFICIENCIA}_{\text{FINANCIERA}} \geq 1$$

↑　　　　　　　　　　　　　　　　　　　　　　　　↓
←　　←　　←　　←　　←　　MERCADO　←　　←　　←　　←

CREATIVIDAD-PRODUCCIÓN-DISTRIBUCIÓN-CONSUMO

(E)

En el diagrama se muestra simbólicamente a la cadena eficiente del dinero; el término (A) es una proporción, que multiplica a (B) que es una velocidad; ambas representan a los insumos y procesos de fabricación o creación; que se convierten en un costo estándar, al cubrir la calidad de los objetos fabricados, multiplicando por (C) que es otra proporción; (C) es el costo total de fabricación, y es el denominador del precio de venta (E) de los objetos ofertados en el mercado, para obtener la eficiencia financiera (D); es la relación (D) = (E)/(C) + los gastos de venta y administración. "La cadena eficiente del dinero" para hacer recursos, se expresa como la unión de los cuatro eslabones (A), (B), (C) y (D), que son soportados por el mercado (E), por la oferta y la demanda del consumo.

En el diagrama el símbolo menor o igual qué, se interpreta en que las relaciones para la eficiencia física de los recursos básicos, a lo máximo que pueden lograr es la igualdad, como relación lógica de lo utilizado sobre lo disponible; y el símbolo de mayor o igual qué, es la relación de precio sobre costo y lo mínimo a que se puede aspirar, es a la igualdad, con la tendencia a más, para tener rentabilidad o eficiencia financiera.

En el caso de la relación de calidad es exactamente de igualdad; tienen que cumplirse las especificaciones demandadas en objetos por los usuarios; en las cuales se permiten tolerancias (± t) previamente aceptadas por los clientes.

Si la relación de calidad es de uno, cuando se multiplica por los otros factores no los altera; sin embargo eso es un objetivo ideal, en la práctica siempre hay desperdicio por la no conformidad en las especificaciones; ahí es donde se trabaja par reducir estas mermas, y para que la calidad tenga un nivel altamente confiable.

La inversión consiste en que la eficiencia física siendo siempre menor a la unidad se convierta en una eficiencia financiera, mayor a la unidad; para que un costo se convierta en un precio.

La eficiencia física es el inicio y la eficiencia financiera el final de la cadena, ambas conectadas al mercado; para formar productivamente cada segmento del ciclo dinámico de la riqueza, ó sea, "El CICLO VIRTUOSO DE LA ECONOMÍA".

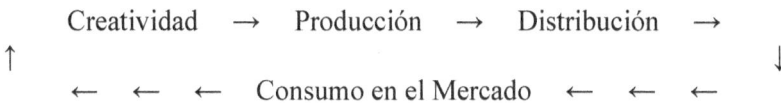

LA FÓRMULA DE ORO PARA CREAR RIQUEZA:

Cuando la eficiencia financiera se manifiesta de forma individual u organizacional, es cuando hay rentabilidad en el proceso de la cadena eficiente del dinero, como éxito, y se debe de cuidar para tener solvencia económica, basada en su fórmula muy sencilla, sin embargo, es la clave para crear ahorro, invertir y generar riqueza, es una fórmula qué para aplicarse requiere tener una mentalidad disciplinada; en lo individual, empresarial y gubernamental; no importa el monto sino la disposición a la solvencia, la fórmula es:

INGRESOS ≥ EGRESOS

Esta fórmula de solvencia económica, en verdad que es una fórmula de oro, es una regla pragmática; es útil porque es verdadera, indica que los ingresos deben adecuarse para que sean mayores o iguales a los egresos, con la finalidad de que haya rentabilidad o equilibrio; ese resultado depende de la voluntad para tener una actitud para generar riqueza, al principio como ahorro, que se va acumulando de manera importante para invertirse creativamente; es la forma más eficiente para salir de la pobreza y es la que ha formado a los grandes capitales del mundo.

La economía se equilibra y corrige con trabajo productivo, eso lo debe hacer como ejemplo la administración pública, no emitir deuda para solapar ingresos insuficientes, por déficit fiscal; adecuar su gestión al equilibrio entre ingresos y egresos; eso puede hacerlo eliminando gasto corriente que no es necesario por programas improductivos; ahorrar de forma eficiente, para invertir en infraestructura rentable; participando en el crecimiento económico en coordinación de las políticas sociales.

Saber contar y medir, es lo simple del conocimiento en palabras.

Contar nos sirve para ordenar y combinar; para calcular la cantidad de posibilidades o las oportunidades que tienen de manifestarse las variables de un sistema; es la suma de todas las posibilidades como una unidad; cuando una posibilidad se da en lo natural, se cancelan las demás probabilidades. Es un conteo de las posibilidades.

Las probabilidades son alternativas y existen todas antes de hacer una elección, cuando se elige a una se cancelan las otras.

Medir nos sirve para conocer con exactitud y precisión lo medible, por ejemplo, conocer el tamaño más elemental de la materia-energía, para dimensionar sus transformaciones en el tiempo y el espacio, para conocer los consumos de potencia en energía.

Cuándo se comprende la diferencia que hay entre dinero y riqueza, es necesario conocer que el dinero no se genera sólo produciendo, porque si así fuera los trabajadores serían multimillonarios. El dinero se genera con el sentido de pleno servicio en los mercados, dónde se negocia la riqueza producida, para satisfacer necesidades y deseos, por medio de la creatividad; e igual es la riqueza social creada por la administración pública.

El equilibrio de la dualidad riqueza-pobreza, se ve reflejado en un mayor porcentaje de clase media; por ello se necesita la capacidad técnica, para desarrollar la eficiencia productiva; produciendo y distribuyendo satisfactores; es el conocimiento y talento que deben poseer todos los actores involucrados como son; políticos, gobernantes, empresarios, sindicatos, maestros, estudiantes, trabajadores y todos los ciudadanos en general.

Cómo sabemos, el dinero es la información de la energía útil, bajo ese conocimiento, la fórmula de productividad puede manejarse en divisas.

Productividad neta= Trabajo/tiempo = $/tiempo; la productividad es hacer riqueza a velocidad, y se expresa como un índice de velocidad.

La producción se puede calcular al multiplicar la productividad estándar por el tiempo de proceso; que equivale a emplear energía de forma eficiente para el trabajo.

Productividad estándar

[E. Física total) x (Trabajo/tiempo)] x [eficiencia calidad] x Tiempo = Producción neta generada.

Productividad estándar

[E. Física total) x ($procesado/tiempo)] x [eficiencia de calidad] x Tiempo = $ netos.

Esta simpleza de razonamiento, se puede llevar a cabo en cualquier manejo de recursos.

Recordemos que a la cultura la hemos definido, como "todo lo que el ser humano ha transformado de lo natural en recursos, modificando su forma de vida". Pero, también la civilización es parte de la cultura.

En pocas palabras los recursos son naturales, sociales, económicos y políticos.

La administración de los recursos es en dinero, por lo que la eficiencia y productividad, deben medirse en dinero; solo se necesita tener la voluntad y los conocimientos, para hacer las adecuaciones convenientes.

Todos los recursos se miden en dinero; la cultura es el conjunto de recursos creados.

La tecnología de la informática para el uso de la energía y su administración; muestran un mundo simplificado, sin barreras de tiempo y espacio. Así como la comunicación en las telecomunicaciones tiende a ser de forma más rápida.

DESARROLLO HUMANO

"El éxito consiste en obtener lo que se desea. La felicidad, en
disfrutar lo que se obtiene".
R. Waldo Emerson.

La educación no es la enseñanza-aprendizaje de un repertorio
de conocimientos de los principios científicos, para aplicarlos en las
ciencias exactas, naturales y sociales.

La educación humana es la enseñanza-aprendizaje integral, de las
ciencias y los valores humanos, para la manifestación natural de los
conocimientos con una conducta moral.

En otras palabras, la enseñanza y el aprendizaje en la educación pública
y privada, en todos los niveles académicos debe ser la integración de
valores con recursos; con la finalidad de generar riqueza para distribuirla
equitativamente.

Lo más fácil de entender, pero, lo más difícil de aplicar, son los valores
humanos, para normar una conducta moral, personal, sin coerción o
imposición por intereses ajenos a la conciencia.

El conocimiento de los valores y los principios científicos, cuando se
usan para el bienestar social, crean el desarrollo humano.

La principal causa del subdesarrollo, es la falta de educación cultural, la que integra los ideales de la civilización con los recursos de la cultura. El manejo de la información útil.

Los recursos son los que tienen costo, precio y sentido de ganancia; los valores son los que tienen valor humano, pero, no tienen costo ni precio y tanpoco tienen sentido de pérdida o ganancia.

Los valores son los medios y los recursos son los fines, para la creación de la riqueza; los fines justifican los medios.

Los valores humanos son los sentimientos intelectualizados convertidos en estándares para la conducta moral; el acto moral sólo se da en las relaciones humanas; éste no puede darse en el pensamiento, sino en la interrelación humana; quiere decir que las buenas relaciones son por lo menos entre una persona que ofrece la moralidad y otra que recibe el acto; lo eficiente es que las relaciones morales deben de ser colectivas; aceptando que la moral es volitiva de la conciencia, y no es por coerción.

Cuando se da una buena relación forzada o por coerción, no implica un acto moral, una relación bajo esas condiciones puede ser por interés o conveniencia y no se puede ocultar.

Los valores humanos son el polo positivo de los sentimientos intelectualizados, los sentimientos humanos son bipolares; todo valor tiene un opuesto negativo; ambos están oscilando en el pensamiento, entre su lado positivo y negativo. Y sólo se expresan por medio de la conducta; y como están en el inconsciente pueden expresarse de forma automática sin control; pero, cuando hay control en la conducta, se expresan sólo los valores para actuar con moral.

El sentido de los **valores** no requiere agregarles el termino de positivos, porque es como un pleonasmo; y a los negativos para diferenciarlos, sí requieren nombrarse como **valores negativos** aunque parezca una contradicción.

La conducta moral debe ser consciente, para que voluntariamente afloren los valores; esto se logra cuando repetidamente por el pensamiento se van almacenando en la mente, con la intención de hacer el bien o lo indispensable de no dañar.

Cuando no hay voluntad para ser moral el ser humano se conduce sin valores, para una finalidad sin medios éticos.

Nuestro pensamiento pasa constantemente por ambos polos, pero si nuestro inconsciente tiene la instrucción de no permitir expresar los valores negativos, el comportamiento será moral en automático.

Si se enseña la conducta moral como parte del conocimiento, se tenderá a un desarrollo humano positivo.

Los valores están definidos en el libro de "Productividad" donde se dan varios ejemplos de ellos, incluyendo a los valores negativos.

Por otro lado, debemos de estar conscientes de que a lo máximo de conocimientos científicos que ha llegado el ser humano, es al desarrollo del manejo de la información para la energía; eso sirve para entender que hay que administrar la información con programas repetitivos para el control de la eficiencia, en los procesos y procedimientos; para utilizar mejor la energía natural de los fenómenos físicos.

Utilizar el talento para separar las creencias de los conocimientos, y saber la diferencia en sus entornos; sirve para entender que existen informaciones diferentes, que forman la existencia y distinguen a la vida.

El desarrollo humano moderno, es la capacitación integral para aplicar en la práctica los conocimientos que desarrollen su utilidad; no exactamente monetaria; sino lo útil en lo extenso del concepto. Lo útil de los valores como es respetar los derechos humanos. Lo útil del conocimiento es su aplicación, si no puede aplicarse no es conocimiento, es suposición. La utilidad que se le da a la confianza es incalculable, cuando quién la da y quién la recibe, actúan con moral.

Las sociedades carentes de ética y moral, son presas de la improductividad por falta de riqueza social.

Vamos a citar algunas súper transformaciones productivas de la naturaleza, que son prodigios de la información útil; como también es la destreza y el talento, por poseer conocimiento universal.

Analicemos la metamorfosis de las mariposas, que cuando son orugas arrastrándose por el suelo suben para formar su capullo y subliman su energía para poder volar en pocos días; o como el proceso que se da en el cigoto de la mujer embarazada, sus células se fraccionan y multiplican, con una velocidad de transformación tal que las células madres que son únicas, subliman su energía para especializarse, en todas las diferentes funciones biológicas, para formar la anatomía humana de forma completa, en cuestión de unas semanas. El prodigio de la meta-trasformación natural, ha inspirado al espíritu humano en destreza para crear grandes transformaciones; como es la edificación de ciudades verticales, rascacielos plantados en pequeñas áreas de espacio en la tierra; qué funcionan con los mejores servicios y vistas panorámicas, son confortables con climas ecológicos automatizados, con espacios para jardines e instalaciones deportivas; además cuentan con muchas otras funciones inteligentes en automático, que ejecutan servicios y quehaceres domésticos.

Así existen tecno metrópolis, ciudades modernas con servicios urbanos en automático.

Todo surgido de una idea innovadora por actitud positiva, cambia la transformación en movimiento rápido y sutil, podemos citar muchos inventos que en la actualidad parecen muy obvios, sin embargo fueron revolucionarios; ideas simples del pensamiento tenaz y oportuno, crean riqueza medida en dinero. Como la composición de grandes obras de la música, inspirada en la palabra con sonido y silencio, de exquisitos ritmos creados casi matemáticamente, los cuales son ondas vibrando propagándose para desplegar energía sublime.

Igual es hacer un barreno, un doblez de lámina, un maquinado por arranque de viruta de metal, un embutido, un estampado, un mezclado, una titulación química, hasta el diseño de un programa asistido por computación para producción en serie de cualquier artículo; todo se maneja con energía; y dependiendo de la cantidad de energía que se consume y materializa, su productividad es directamente proporcional a las ideas para hacer cada operación de forma eficiente y productiva.

La productividad puede manifestarse en un pequeño negocio, y en la institución de la aeronáutica espacial de un país o en un grandioso espectáculo teatral; el concepto es el mismo; llevar las ideas a materializarlas con eficiencia productiva. Para que el dinero fluya en el ciclo virtuoso de la economía.

Un doblez de una lámina de metal puede hacerse de forma manual o puede hacerse a la velocidad de miles de veces por minuto en una máquina especializada; escoger la inversión adecuada al volumen es una decisión particular, para llevar los costos al mínimo. Sin embargo es un error no utilizar la tecnología disponible en el mercado cuando ya existe o desarrollarla si hay capacidad de ello.

El movimiento circular puede derivarse a un eje excéntrico de forma repetitiva, para crear movimiento lineal; el movimiento cíclico puede ser de operaciones progresivas entre espacios por medio del cálculo del perímetro de levas, son círculos irregulares. De idéntica forma es el movimiento organizacional, son los procedimientos como si fueran en círculos, levas y excéntricos, es el dinamismo integral de la gente.

Hay tecnología de punta para todo; para producción en serie; para administrar; para investigación científica; para la cinematografía; para el arte; para la medicina; para las letras; para la información; para las telecomunicaciones; toda la tecnología esta en evolución, aplicando lo último de la electrónica y nuevos materiales; el reto tecnológico es participar con ética y moral; para equilibrar los conocimientos con los valores.

Es conveniente discernir que los genios de la filosofía, la ciencia, el arte, las letras o las empresas; a través de la historia son escasos, no son una multitud de personas, son muy pocos y contados, en relación con el total de habitantes; perfectamente identificados por épocas y países;

lo que equivale a decir que la mayoría somos gente normal o común; porque también hay una minoría de gente que no es apta; así que puede comentarse con propiedad que la mayoría son personas que estudian lo que han descubierto e inventado los notables; con ello también se sobreentiende que hay otro grupo de personas de gran ingenio en la acción, que han llevado los conocimientos científicos a la práctica útil y concreta, creando técnicas y tecnología.

La genialidad es manifestada en información útil como conocimiento, y éste se estudia en las escuelas y universidades de forma profesional; como la educación académica, para crear un magisterio especializado que profese el proceso de enseñanza-aprendizaje, para la educación pública y privada, y crear la formación de profesionales en las diferentes disciplinas; y de forma muy natural en ese ciclo repetitivo de enseñanza-aprendizaje destacarán otros genios que incrementarán el acervo de las ciencias exactas y aplicadas.

Lo importante es tener una estrategia para que la educación sea útil para la gente en general para que aporte en la esfera social en que se desarrolle, como persona económicamente activa.

El desarrollo humano, consiste en tener conciencia en qué y cómo se va a participar, para adquirir los conocimientos necesarios basados en los principios científicos, los administrativos y los sociales.

Los principios científicos básicos son las matemáticas, la física y la química; aplicados para desarrollar las ciencias naturales y sociales. Especializándose en áreas definidas.

Los principios administrativos son la planeación, la organización y el control, que se unen en un ciclo dinámico repetitivo.

Los principios sociales son los valores humanos, para la ética y la moral; para crear los recursos sociales e institucionales, como son la libertad en igualdad, la seguridad, la justicia, la salud, la educación, el empleo digno; para tener derechos humanos, civiles, y políticos.

Hay que intentar lo obvio, emular lo mejor de las sociedades prósperas, para igualarlas y superarlas, en una competitividad de productividad y valores.

El desarrollo humano debe ser una superación personal permanente.

El progreso económico debe inducir a una cultura y civilización que nos permita ser más humanos.

Un ejercicio muy sencillo y efectivo para la superación personal, es llevar a cabo un entrenamiento, donde por pares de personas se comenten mirándose a los ojos tres compromisos.

Esos tres compromisos deben incluir a toda la gente de una organización, sin excepción.

Compromiso 1-Te respeto y no voy hablar mal atrás de ti, porque se que te hago daño.

Compromiso 2-Confía en mi, porque no te engañaría para sacar un provecho.

Compromiso 3-Te invito a trabajar en equipo, para mejorar las condiciones que están en nuestras manos, para evitar el desperdicio y ejecutar las labores sin demora.

DESARROLLO ORGANIZACIONAL

El patrón universal de organización es la familia, cuyos principios y valores, tienen como fin la convivencia humana.

Un fractal es un objeto geométrico que se repite a diferentes escalas en la naturaleza, para identificarlo se requiere conocer cual es la fracción numérica repetitiva a escala. Como en la naturaleza, la estructura de un árbol equis puede observarse en las venas de sus hojas; en cada hoja de acuerdo a su tamaño, se repite su estructura a escala; y es a la forma de las ramas de los árboles la del bosque. Esas ramificaciones que se ven en las hojas de cualquier arbusto, indican como se distribuye su energía para mantenerse con vida; manteniendo el vigor de la escala fractal, se refuerza la estructura del conjunto.

De forma similar, la estructura de la familia se hace patente en cualquier organización; sea social, económica o política; ese patrón se repite a escala en cualquier institución que aspire a organizarse. Donde la moral y la ética son la base de cualquier estructura humana colectiva.

En la administración de una organización, la estructura que la mantiene, se repite a escala en cualquier parte; puede ser en una sección, en un departamento, en un proceso, en una actividad, etc.; toda la estructura organizacional y sus partes a escala, deben estar bajo los principios administrativos de planear, organizar y controlar; cualquier acción por elemental que sea.

En cada acción o actividad organizacional, cuidar la cadena eficiente del dinero para aplicarla en cualquier segmento de la economía, que puede ser en la producción, en la distribución o en el consumo. Igual se debe hacer para el servicio a los ciudadanos por parte de la administración pública.

El desarrollo organizacional está en función de la estructura en conjunto, para repetirse a escala en sus partes. El ciclo administrativo debe llevarse a cabo en la dirección, en la supervisión y operación; cualquier actividad o proceso debe planearse, organizarse y controlarse. Todos los principios del ciclo administrativo están definidos en el libro "Productividad".

Solo basta recordar que en lo administrativo su ciclo es sumamente dinámico; pues la planeación tiene que organizarse y controlarse; la organización hay que planearla y controlarla; y el control hay que planearlo y organizarlo.

Las organizaciones se pueden desarrollar más eficientemente cuando la administración representada por la dirección, establece un inventario de conocimientos y habilidades de cada una y de toda la gente; para sacar el mayor provecho en su desempeño; esto equivale a plantear que las mejores tácticas fortalecen a las estrategias, para asegurar los resultados.

Es como a un jugador profesional de conjunto, sin tener que explicarle la táctica el director técnico, lo escoge por ser el más apto en la posición necesaria; y sin más, la estrategia se fortalece para ganar el partido. Por supuesto, qué sí debe haber una explicación, de por qué fue elegido para la competencia; pero lo determinante es el dominio de las habilidades técnicas personales, las necesarias para contrarrestar al rival deportivo. Así debe ser en la administración, conociendo el inventario de habilidades y conocimientos del personal de una organización, se asegura la mejor ejecución de las tácticas operativas para consolidar la estrategia planteada.

Es importante también distinguir que dentro de la administración existe una muy leve diferencia entre poder y autoridad; en la organización de cualquier institución, el poder está explicito en la toma de decisiones para el manejo del dinero; y la autoridad esta implícita por los conocimientos; pero ambas deben equilibrarse con la responsabilidad correspondiente. Lo ideal es tener conocimientos de autoridad para tomar decisiones de cualquier tipo.

En el desarrollo organizacional, se debe conocer que en el mercado local y global, las empresas gigantes son pocas comparadas a las medianas, a las chicas y a las micros; estas dos últimas son la mayoría, las que dan empleo al grueso de las poblaciones; por supuesto que las empresas grandes cuentan con mayores recursos porque manejan más energía, que las de menor tamaño.

Emulando a los fractales en los árboles, que son una copia a escala de las venas en las hojas y los árboles lo son para el bosque; así debe ser para la micro, la mediana y la grande empresa; para las organizaciones y la economía de país; se requiere un flujo de energía que irrigue a toda la estructura en conjunto y a escala; para hacer fértil a la estructura social, a la económica y a la política.

Todas las empresas del mercado están en una misma estructura legal y administrativa; es un error que las pequeñas tiendan a ser ineficientes o improductivas; la renta debe ser la misma a diferente escala; y sus empleados deben ser bien remunerados; la productividad no significa trabajar más sino mejor para crear rentabilidad; pues, puede haber empresas micros que tenga una rentabilidad de más porcentaje que otras de mayor tamaño; las diferencias se fundamentan en cómo están organizados sus planes para controlarlos; porque toda estructura administrativa debe contar con una actuación de alto desempeño individual.

Las políticas, los procedimientos, procesos y operaciones; son la información para el manejo de la eficiencia productiva, de cualquier organización e institución, privada o pública; puede haber cambio para renovar parte de conocimientos y actualizarlos, pero siempre bajo el esquema de la misión y visión colectiva, para atender mejor al mercado o para mejorar los servicios públicos hacia la sociedad civil.

El equilibrio entre el desarrollo personal con el organizacional, es la manifestación del nivel de calidad de vida, vistos desde la percepción familiar.

CÓMO DESARROLLAR LAS ORGANIZACIONES:

Entrenar a la gente con un método simple, en dos dimensiones, como es lo plano, para la formación de un objeto productivo cualquiera; por medio de saber en que parte de la cadena del dinero y en que segmento del ciclo económico se esta colaborando para evaluar su participación; por supuesto, una vez que se haya explicado qué es un ciclo y como funciona.

El desarrollo de las organizaciones puede hacerse por medio de hacer dos preguntas a todos los empleados, de forma individual.

¿En que ciclos de trabajo estás participando? y

¿Qué sobra para quitar y qué falta para poner, en esos ciclos?

Las respuestas deben ser con la finalidad de hacer eficientes y productivos a los procesos físicos y a los procedimientos administrativos.

Implementar una bitácora de seguimiento de las respuestas.

Posteriormente, cuando ya se hayan revisado la factibilidad de hacer los cambios de sus respuestas, hacer la misma pregunta, pero ahora en grupos reales de trabajo, o sea los que normalmente trabajan en equipo.

Para cruzar la información de todos los grupos.

Cuando se hayan conciliado las soluciones, llevar a la práctica éstas con la dirección de los jefes de área.

Todas las soluciones deben ser verificadas y evaluadas, como parte del trabajo.

Un beneficio extra es, sí se quiere aprovechar al trabajar con este plan de entrenamiento, es descubrir la capacidad y actitud de los entrenados, para saber quien tiene nivel para futuros ascensos de mayor autoridad-responsabilidad.

El nivel está en función de las habilidades para realizar las actividades a través de otras personas, simultáneamente en tiempo real, para que puedan concluirse al mismo tiempo ciclos completos, ya sea para un plan de trabajo o un proyecto.

El nivel y cantidad de conocimientos es la fuerza creativa, que se usa para desarrollar la potencia humana, al aplicarla como energía para crear recursos y riqueza; esa fuerza se consigue con la motivación y la dedicación para dominar una o varias disciplinas con aplicación concreta.

El conocimiento es el mayor recurso para generar riqueza; y la actitud los multiplica.

Por ejemplo, sí una persona puede realizar simultáneamente las soluciones planteadas a dos problemas, es apta para labores de supervisión de rutina repetitiva; si la persona puede con tres o cuatro, está capacitada para realizar funciones de gerencia; y si puede con cinco o seis, la gente tiene capacidad para funciones de dirección.

Los directivos que puedan atender cinco o seis ciclos, a través del trabajo de otras gentes de forma simultánea en tiempo presente para hacer productivos los recursos, están aptos para funciones de orden corporativo.

Como en el juego de ajedrez, la capacidad mental determina las jugadas que tienen que visualizarse, para contemplar de forma imaginaria las jugadas adelantadas, de forma simultánea.

El entrenamiento productivo es como el deportivo, tiene que ser repetitivo y con mucha disciplina, para que constantemente se efectúen ejercicios de trabajo en equipo, con grupos interdisciplinarios; esto se logra fácilmente con dos semanas de dos horas diarias, por cada semestre ó por año como mínimo.

Una de las causas de mayor fracaso en la administración es no saber trabajar en equipo, por no crear los procedimientos adecuados a los sistemas con los mismos involucrados; que estén dirigidos a realizar los procesos físicos y administrativos, con eficiencia productiva. También puede aprovecharse el entrenamiento del personal para actualizar los procedimientos de forma integral.

El desarrollo organizacional es un proceso de desarrollo humano, que evita el forzar las conductas individuales y mejorar el trabajo en equipo; esto debe ser por medio de procedimientos administrativos bien establecidos, los que coordinen a los procesos físicos con los procedimientos administrativos; equilibrando los intereses laborales.

El diseño de los procedimientos de un sistema es la plataforma para trabajar en equipo.

El mejor ambiente o clima laboral para desarrollar una organización se consigue más fácil, cuando los responsables de cada puesto realizan su trabajo por simple gusto a la satisfacción; donde el tiempo pasa inadvertido.

Es sano permitir por parte de la dirección de la administración, pequeños deseos de actividades recreativas en grupo o individuales, que no perturben los resultados; como son tomar café; el descanso físico-mental entre el desempeño; tener flexibilidad en los horarios de labores, siempre que lo permitan las circunstancias del trabajo; tener salas de juegos de mesa, para después de terminadas las labores poder usarlas, etc.

El desarrollo organizacional se manifiesta al dominar una función individual concreta para el trabajo colectivo; es interesarse individualmente, en el crecimiento sostenido de la organización.

CONCLUSIONES

Cuando un camino está señalizado, es fácil transitarlo con éxito.
"La práctica hace al maestro como la imaginación al genio".
Proverbio popular

Los principios de productividad son los mismos para una empresa chica, mediana, grande o micro; y para una institución publica o privada; lo importante es la mentalidad de la gente, para que las ideas y los conocimientos se lleven a la práctica útil; los líderes de grupos son los que poseen el talento para dirigir de forma productiva, porque para realizar una administración eficaz se requiere de la participación de todos; desde el más modesto colaborador hasta el mejor profesional reconocido; igual es para la eficiencia productiva de la administración pública. Los pasos de la cadena eficiente del dinero, de inmediato pueden visualizarse en su representación gráfica; la importancia tiene que ver con entender bien, qué sé requiere de una mentalidad y actitud positiva en general, para que la integración sea completa; aquí resuenan las palabras tantas veces vertidas; como una vorágine de conceptos indispensables; motivación, ética, moral, valores humanos, información útil, técnicas, fuerza, potencia, energía, significado del dinero, riqueza, significado de la verdad, planeación, organización, control, etc. etc. Esos conceptos aplicados desarrollan la habilidad para administrar; al planear, organizar y controlar los recursos; con la finalidad de generar el movimiento del dinero como energía; como si fuera el líquido vital que poseemos, la sangre, que no se puede detener porque se hecha a perder, así el dinero tiene que moverse productivamente; como se hace en la práctica con el flujo de efectivo en las organizaciones. Saber utilizar los principios de la planeación; poniendo los objetivos claros y alcanzables; traducidos en el tiempo y los espacios; y que el control retroalimente a la planeación; para asegurar que el plan no se desvíe. Usar bien los principios de organización; para la integración, la coordinación, la no duplicidad de funciones; el equilibrio de autoridad-responsabilidad, la función de dirección, la unidad de mando; la jerarquización. Emplear adecuadamente los principios de control; en cada inicio de ciclo; mantener su continuidad; y su terminación; mejorar la capacidad humana, de parar, para corregir desviaciones, antes de terminar los ciclos. Efectivamente los que desarrollan la eficiencia productiva, en el ciclo económico, es la gente, los seres humanos, mujeres y hombres; porque puede tenerse la mejor tecnología en procesos y administración; sin embargo, todo funciona en función de la mentalidad de los recursos humanos. Para obtener los resultados esperados en cualquier organización, la tecnología es muy necesaria; pero, la actitud es más que indispensable. La motivación en la gente para creación de recursos; es similar como en los circuitos de amplificación de potencia en electrónica, con una pequeña señal de energía, puede manejarse una gran potencia. La gente motivada es capaz de realizar cualquier actividad por complicada que se sea para seguir adelante. Al otorgar confianza a los recursos humanos, confían en ser capaces para realizar cualquier actividad o función. La incongruencia de la conducta es, por ejemplo, que estando necesitados de resultados, no se confíe en la gente. Cuando se confía en los niños, con seriedad y respeto, son más despiertos e inteligentes. Y sí se les enseña la disciplina para el orden y la limpieza; así se van formando en su adolescencia, y finalmente llegan exitosos en la adultez.

INCONGRUENCIAS O INEFICIENCIAS SOCIALES:

Primero se necesita crear riqueza para después distribuirla; no se puede responsabilizar al capitalismo, como sistema operativo del dinero en el mercado, para generar riqueza, de la pobreza política social del Estado, emanada de sus políticos y gobernantes, para distribuir la riqueza con justicia social. Confundir o confundirse que la generación de riqueza como sistema trae en sí una política social para distribuirla; es dónde radica el problema, principalmente en el subdesarrollo; sin embargo, para las mayorías es un gran engaño; donde queda manifiesto el calificativo, de faltos de ética y moral, para los actores que han participado y participan en la política social de la economía, con el resultado de una abismal desigualdad.

Con ausencia de ética y moral, aunque se genere mayor riqueza con la tecnología de última generación, sería para beneficio de algunas minorías; esto tiene que estar muy bien entendido, para hacer el cambio necesario en lo social, es aberrante que después de siglos, muchas naciones en la modernidad, tengan en la miseria a la mayoría de su población.

A los dueños de los grandes capitales nadie los elige popularmente, para que decidan por la sociedad; pero, los puestos públicos sí son elegidos de forma popular, para que respeten y hagan respetar las Leyes, así como para mejorarlas y que haya un equilibrio entre el interés público y el privado.

Retomando el concepto de las incongruencias humanas, como ineficiencias, vamos a comentarlas, como conductas negativas que han llevado a los humanos, a crear miseria para muchos, en lugar de riqueza social. Aceptar la pobreza, el subdesarrollo y miseria, es una forma muy particular de pensar; como lo es pensar en desarrollar la riqueza, los conocimientos, la moral y la ética. En la actualidad del siglo XXI, los países en vías de desarrollo necesitan tener una estructura financiera integral en cascada; para que no sea sólo "la locomotora" de las grandes empresas, la que corra separada o ande suelta, con su potencia desperdiciada, por no enganchar a las empresas medianas, pequeñas y las micros; eso ya se experimentó con resultados muy desfavorables, cuando las grandes corporaciones en los de países de primer nivel, querían comerse a las pequeñas para desaparecerlas; sin importar que la competitividad es en beneficio de la colectividad. Las Leyes antimonopolios han favorecido el desarrollo social, a la competitividad y también a la transparencia.

Las Leyes antimonopólicas tienen más de cien años de haberse creado en el país más desarrollado del planeta.

El crédito otorgado a grandes organizaciones empresariales, lo deben de usar de manera estratégica, para compartirlo por medio de mecanismos de cadenas productivas, con las empresas de mediano tamaño, para que éstas a su vez, hagan lo mismo con las más pequeñas, para convertirse en proveedoras confiables.

El mercado financiero es como un gran campo de energía; que se comporta como los campos en física; no se ven sus fuerzas pero influyen a distancia como en los campos de las fuerzas naturales. Haciendo una analogía, el campo financiero se comporta en ciclo cerrado como los campos magnéticos, y la cantidad de movimiento repetitivo del mercado se comporta como conductor, para inducir el fluir del dinero; pero, si éste no tiene movimiento dinámico productivo, paraliza el flujo monetario. El crecimiento del mercado interno, fortalece más la economía; porque mejora el poder adquisitivo de la gente, y hace que se cierre el ciclo económico de forma eficiente; sin embargo, eso no es suficiente, además de estar en movimiento constante el circuito de la economía; requiere que los sectores civil, empresarial y público, estén en fase; o en otras palabras, la economía debe estar coordinada con la política social.

En el subdesarrollo, uno de los principales problemas que existen, entre otros, es que el ciclo virtuoso de la economía no se cierra por la falta de poder adquisitivo y lo más grave es que los actores productivos, no estén en fase, sino desfasados; esto hace que haya grandes fugas y pérdidas de dinero. Convirtiéndose lamentablemente en un ciclo pernicioso. No hay otra solución más clara que hacer dinámico el círculo económico, trabajando de forma coordinada en la productividad.

Los grandes empresarios y los funcionarios públicos, pueden ir al campo y a las microempresas; y arremangarse las mangas de la camisa para ayudar a revertir la parálisis productiva, coadyuvando e invirtiendo en las zonas marginadas, para dar un mayor movimiento al dinero. Enseñar con el ejemplo, a las sociedades más atrasadas, las que han estado olvidadas, pero, como son parte de la economía, no permitir que sean una carga improductiva, sino un movimiento productivo.

La mejor forma de corregir la pobreza y la miseria para el Estado; es desarrollando la justicia social; dar educación de primer nivel con una cobertura total; hacer eficiente la seguridad pública; la seguridad social; la seguridad jurídica; la libertad en igualdad; la generación de empleos; la protección a la niñez; etc.

La solución es muy clara, trabajar con valores y moral; eliminar el ego del poder de la ambición, hacer a un lado a los que alteran el poder de la política social.

No puede haber justicia, cuando existe desigualdad social e individual, principalmente por criminalizar a la pobreza, al descuido a la salud y a la ignorancia; se hace necesario reformar los códigos del proceso penal para actualizarlos; penalizar a la perversidad y a la perversión, en el uso de los valores humanos negativos; las cárceles no deben de estar repletas de gente carente de recursos, acusados para que demuestren su inocencia. El espíritu de la doctrina para la justicia, establece que un acusado es inocente hasta que se le demuestre que es culpable; si no se respeta ese principio, puede criminalizarse a la miseria y a la ignorancia, donde el castigo por robos insignificantes para tener que comer y sobrevivir, puede ser igual o más rigorista, que la perversidad por corromper los valores; como es la corrupción de menores, el fraude, el peculado, el contrabando, el robo fiscal y un gran etc.

La mejor prevención del delito es la educación integral, de forma cultural, para que los conocimientos científicos y los humanistas, se equilibren en una conducta, ética, moral, y productiva, que manifieste los valores humanos en convivencia. Para erradicar la pobreza, el descuido de salud, la ignorancia y la falta de recursos en general, se tiene que realizar por medio de la educación pública y privada, que privilegie el estudio de los valores con los conocimientos técnicos científicos; que permita a los ciudadanos elegir como sustentar su vida y convivir.

La información plasmada en las leyes sociales, debe ser una extensión de la voluntad ciudadana y no la proyección de una agenda egoísta de los políticos; ese es un requisito ineludible para desarrollar recursos y riqueza, para distribuirlos en la sociedad de forma equitativa; de acuerdo a la participación por la utilidad generada, tanto en lo social, en lo económico, y en lo político; evitar desigualdades que solapen la pobreza y la miseria.

No es una frase, es una afirmación que "el poder corrompe", por lo que no puede haber competencia plena de la administración pública, para justicia; si los gobernantes tienen subordinada a la impartición y procuración de ésta, en cualquiera de sus jurisdicciones.

La productividad debe democratizarse; para ello la administración pública del Estado, tiene que desmantelar los monopolios y los cotos de poder de líderes sociales, ambos conllevan al desperdicio de recursos; inhiben la sana competencia y empobrecen la recaudación fiscal y, la retribución social.

El capitalismo se controla universalmente por la vía técnica contable de la partida doble. La técnica contable es la práctica más eficiente para erradicar la corrupción, las salidas y entradas de administraciones públicas en las diferentes áreas y niveles, tienen que ser consistentes con los saldos contables, partida por partida. No debe permitirse el cinismo de la corrupción en la administración pública.

Entender que las ideologías de los Estados aplicadas a un territorio geopolítico, son las que están sobre la plataforma universal del dinero, para primero crear riqueza y después distribuir los recursos, todo plasmado en un marco legal. El capitalismo se desarrolla por su competitividad en base a la creatividad con eficiencia productiva; si no es así la propiedad tiene riesgos por el vaivén constante de los mercados, principalmente por especulaciones.

La entropía en física es una propiedad de la materia, es un desperdicio de energía por las fugas de calor; y porque el tiempo desarticula lo organizado, en desorden y caos, desde lo subatómico hasta lo macrocósmico; en pocas palabras, nada puede regresar a su estado original cuando se deteriora, o cuando el deterioro sucede en el tiempo por falta de atención. La entropía es una medida del desorden no reversible. El orden sólo es invariable en la información. La entropía social liderada por el populismo, destruye muchos recursos en general, es una energía mal usada, muy ajena al trabajo; el populismo asistido por la ciudadanía insatisfecha por injusticia social, crea caos. Cuando la riqueza y los recursos de un país, no son distribuidos equitativamente, se crean clases privilegiadas que alteran la paz social. Lo más obtuso de la administración del Estado, es provocar una entropía social constante; que satisface a líderes populistas, quienes sacan provecho al convocar a gente poco preparada, ofreciéndoles distribuir la riqueza sin generarla, es una estrategia del engaño; todo eso se crea por una conducta generalizada sin ética de políticos y gobernantes, que no permite la conducta de valores y, respeto a los derechos humanos; aquí cabe el dicho popular para algunos funcionarios públicos, "avientan la piedra y esconden la mano". Cuando la violencia, agresión, destrucción, y desorden, se convierten en las herramientas de solidaridad ciudadana, existe un peligro latente de descomposición social. El populismo es una conducta sumamente ineficiente e improductiva, que lejos de ayudar a solucionar conflictos los incrementa; se desarrolla la industria de las quejas para provecho de delincuentes y demagogos, sin beneficio social; es como dar un paso hacia delante y dos para atrás, en el crecimiento de país.

Aunque parezca una frase trillada "el subdesarrollo es una forma de pensar", es cierta y puede cambiarse; evitando que la administración pública esté en contubernio con la privada, por corrupción; porque afecta a los más necesitados de ayuda, los que están atrapados en la pobreza; Abatir la corrupción es una tarea pendiente; es el desperdicio de mayor impacto en lo social y la impunidad es su causa de origen.

Es prioritario hacer políticas públicas que fomenten las fuentes de energía limpia y más barata; porque las reservas de petróleo están cercanas al agotamiento; es necesario implantar en pocas décadas, fuentes sustitutas de energía como son la del hidrógeno, la eólica, la del sol, entre muchas otras; las necesarias que permitan hacer la transición al uso de fuentes de energías sustentables. Participar activamente en resolver el problema que hay por el cambio climático del planeta; el cual debe tratarse como el mejor plan de vida futura; coadyuvar a desarrollar la tecnología necesaria y suficiente, para revertir las enormes cantidades de bióxido de carbono en la atmósfera, porque es un gas sumamente dañino, y es una causa del sobre calentamiento de la Tierra. En consenso mundial, debe elaborarse un verdadero plan-magno, para cuidar nuestro globo terráqueo, no con un plan simplista como plan-eta. Con una simple introspección puede verse que el cambio tiene que ser radical; que llevará tiempo implementarlo y hacerlo funcionar; es por ello que la decisión debe ser tomada de inmediato, para que los Estados comiencen a girar para orientarse, y por su tamaño, parecerá que se mueven muy lentamente, pero lo importante, es que lo estarán haciendo en la dirección adecuada.

Ayudar a los más necesitados es muy poco, en este devenir histórico social, lo de mayor trascendencia es no abusar de los pobres, al financiar la pobreza; sino adecuar las Leyes para que haya un comportamiento colectivo de respeto a los valores. Los esfuerzos aislados de la filantropía no son suficientes para solucionar el problema de abuso, generado desde las Leyes; pues la opulencia de las minorías es ofensa para las mayorías. El estatus de los privilegiados no debe ser sustentable y encubierto en legalidad.

Es una información útil, conocer que siempre habrá pobreza como polo opuesto de la riqueza; pero, no debe ser en un contraste corrosivo, sino de acuerdo a una distribución normal, que la gran mayoría sea de nivel medio; y que las micro minorías, sean los extremos de riqueza y pobreza en la misma mínima proporción.

Sabemos por la historia que en tiempos remotos de la civilización, cuando la tecnología era muy incipiente, la producción fue de esfuerzo físico tanto animal como humano; a tal grado, que la explotación y el saqueo, fueron las características en la evolución de la economía. Hoy día es inevitable hablar de injusticia porque como antaño, siguen los contrastes abismales entre riqueza y pobreza, siendo que en la modernidad hay más argumentos técnicos para disminuirlos. Es una paradoja que en la actualidad existan zonas humanas marginadas a nivel local y global, por efectos tecnológicos; se requiere tener conciencia para ayudar a quienes son victimas del consumismo; la eficiencia productiva sin sentido humanista, no ayuda a la economía de los países; en el actual mundo tecnológico es una grave incongruencia que los avances sean exclusivos para algunos grupos minoritarios; los recursos no renovables se están explotando y agotando, en los asentamientos más pobres del planeta, ante una indiferencia total. Hay una gran asimetría en la distribución de la riqueza creada, por los recursos naturales explotados. Sin embargo, se tiene todo a favor para afrontar la producción o creación de riqueza de forma inteligente, usando el enorme acervo, para tener una mayor equidad y justicia.

La clase media tiene una curva distributiva de ingresos, que la hacen muy activa para la economía, por ello debe ser la mayor parte de la ciudadanía.

El PIB, con el número de habitantes, y el ingreso per cápita de las naciones, dan índices de productividad; pero, no de desigualdad, que es el principal problema social.

La administración pública y los políticos, tienen que promover los cambios estructurales de las Leyes, para que en conjunto, sean como una gran red invisible que garantice la distribución equitativa de los recursos naturales y los creados; para que se tengan las mejores condiciones que hagan competitivas a las tres esferas sociales; el Estado, el mercado, y la sociedad civil. Dejar atrás los negocios suculentos para unos cuantos.

Es complicado que los países no siendo potencias tecnológicas, estén en condiciones de investigación y desarrollo de las ciencias exactas; es importante comprender esto, para invertir adecuadamente, en la educación pública, la educación académica, el postgrado y la investigación tecnológica. El desarrollo de la alta tecnología y las ciencias exactas, es como una especie de súper outsourcing reservado a las grandes potencias, a las que se les paga dividendos por sus patentes. Es estratégico poner en contexto los principios científicos, ya que éstos tienen una evolución más lenta, comparados con la tecnología que es vertiginosa. Los principios científicos son más estables, porque no cambian abruptamente; en eso la pedagogía debe poner mayor énfasis; para que la función de enseñanza-aprendizaje en la educación académica, sea profesar plenamente los principios científicos, con el objetivo de crear tecnología. Mentalizar a las nuevas generaciones en el conocimiento de la física de la mecánica cuántica, como lo es hoy el manejo de la informática en lo social. Lo anterior no equivale a decir que los países del subdesarrollo no tienen legítimos propósitos y aspiraciones, y estén colaborando al desarrollo de la ciencia; sino adecuar la educación pública, para tener una preparación de primer nivel, en el dominio de los conocimientos científicos; como el mejor acceso a la alta tecnología; ya que parte está reservada a los países vanguardistas, que sustentan sus inversiones tecnológicas en las economías de primer mundo. Aportar a la ciencia es lo máximo, pero, la función prioritaria para el desarrollo de un país, es usar y crear tecnología. Entender que la estrategia pragmática, es para manejar la información de la energía útil, para crear recursos en todos los campos de la cultura; el efecto de vasos comunicantes al emplear alta tecnología, desarrolla la ciencia.

El ego es el mayor detractor de la creación humana, su crítica siempre va dirigida en contra del espíritu humano, como si éste fuera el peor diseño. La verdad es que el ser humano está diseñado para ser perfecto; esa es su mayor y constante preocupación del ego; sin embargo, el ego se aprovecha de los seres humanos, por medio de su insatisfacción constante; pues, está comprobado que teniendo todo lo necesario y más que suficiente; siempre está insatisfecho de todo y por todo.

Enquistado en los medios de difusión masiva y en las cúpulas de poder, como en la administración del Estado, el ego, lamentablemente sigue gobernando el mundo. La única posibilidad de salir del marasmo absurdo de la insatisfacción sin sentido, es desenmascarar al ego.

No más mentiras ni engaños, porque no se engaña a nadie, todos saben que el ego ha deteriorado a la especie humana, por corrupción, en milenios de historia.

Las administraciones públicas, son cíclicas, repetitivas, y en su mayoría son onerosas, por el despilfarro sin control de sus funcionarios, el concepto actual de burocratismo tiene un sinónimo, "gasto corrupto", que encarece los servicios públicos; la eficiencia gubernamental para quitar lo infructuoso de los gastos injustificables, es un campo de oportunidades para trabajar con eficiencia productiva.

Puede crearse una masa crítica, que es un número suficiente de gente, para detonar una reacción en cadena de la conciencia, para llevar a cabo el cambio del orden social, hacia la justicia por medio de la conducta ética y moral, para respetar los derechos humanos.

La Justicia es el principal derecho humano en sus distintas implicaciones sociales.

Tener presente que los valores humanos no tienen precio, son diferentes a los recursos; pero, ambos se complementan para convivir y sobrevivir individualmente.

El patrón de organización para la civilización, es la familia, para protegerla porque esta formada con fundamento en la moral, para manifestar los valores humanos.

La civilización se define como la organización de sociedades en base a la moral, para desarrollar las Leyes para la justicia, y establecerlas para cumplirse, en un territorio geopolítico.

Cualquier decisión que no respete los valores de los derechos humanos, es ineficiente e improductiva socialmente; corrompe a la organización de la familia; esto se entiende muy fácil, en la aceptación que hay en la conducta de muchos profesionales quienes dan servicio a delincuentes; sortean la Ley por sus lagunas; y dejan de lado la ética.

Si los conocimientos llevados a la práctica no vienen de una conducta ética, no son eficientes ni productivos. La productividad es el resultado del conocimiento como patrimonio de la humanidad, su usufructo es para convivir de forma social, y sobrevivir individualmente.

Manejar riqueza en cualquier cantidad, para satisfacer al ego, en perjuicio de otros, no crea riqueza. Puede haber negocios muy exitosos, en lo individual o particular, que no manifiesten el fin social de la economía.

La fe humana, está puesta en mejorar las Leyes y la tecnología, para que se consolide rápidamente una mejor distribución de los recursos y riqueza producida; pues, ya pasaron miles de años esperando las promesas religiosas y seculares; ahora con el conocimiento científico llevado a la práctica, como el mejor método, puede cubrirse el fin social por tanto tiempo anhelado.

SUBLIMACIÓN

"En Dios confiamos",
Inscripción en la divisa de mayor circulación en el mundo.

Un fenómeno de sublimación en física, está definido como una meta-transformación de la materia; cuando se brinca espontáneamente un estado intermedio para lograr otro más elevado en energía; por ejemplo, del estado sólido se pasa al gaseoso, sin pasar por el líquido.

El gran paradigma natural de la información, es intercambiarla mentalmente sin ninguna interferencia, para materializar energía.

Al analizar el conjunto de informaciones para la existencia como; la virtual, la real, ideal y la artificial, las cuales pueden intercambiarse mentalmente para materializarlas en forma productiva; en la información virtual se vislumbra una que es espiritual, a la cuál no se da la credibilidad suficiente; por la gran charlatanería afanosa de ganancias fraudulentas.

Con suficientes testimonios se ha detectado una información de existencia inefable, no documentada sino revelada con reserva; esa información ha sido comentada por varios, si no es que por muchos, prestigiosos profesionales, principalmente de la medicina, como testigos de acontecimientos inexplicables, los milagros; cuando la ciencia no tiene respuesta, se presenta el misterioso fenómeno de la fe; éste es la certidumbre personal de que se va a cumplir una petición del por-venir.

Creer no es suficiente para la fe, sólo la certeza autentica de un por-venir esperado, es lo único que tiene validez para la fe.

La fe se expresa como una capacidad humana de transformación sublime y espontánea; que puede ser para restaurar salud, una mejora financiera, o para resolver conflictos personales y sociales. Aunque los resultados de fe, de forma frecuente e indistintamente se concilian como coincidencias, es para dar una explicación lógica a la razón.

Cuando en el libro nos hemos referido a las creencias humanas, como una información de poca valía para el conocimiento, éstas no incluye a la creencia de la fe; pues está se basa en una información más allá de la posibilidad como otra forma de existencia; es una información que sintetiza a la creencia con la certeza, de lo que se espera del por-venir; es una voluntad de esperanza; es una capacidad para sublimar estados de la vida.

Así como las informaciones forman la existencia; igual existe una información muy peculiar que forma al espíritu humano; la que podemos comprobar cuando sentimos que somos los mismos al paso del tiempo, desde niños hasta adultos; es una información inmutable, que testifica como cambia lo biológico en el cuerpo, también en lo material hay un constante cambio; sin embargo, el tejido espiritual es permanente, es como una identidad trascendental al tiempo y al espacio.

En nuestra esencia interna, sabemos que somos los mismos al paso del tiempo. Nuestras células están renovándose constantemente, pero, bajo una programación estable única en lo espiritual.

Sentimos que nuestro espíritu se materializa en forma de cuerpo, para vivir en el mundo en compañía de nuestros semejantes.

El libre albedrío es cuando tenemos respeto para no hacer responsables a los demás, de nuestras malas decisiones o errores que cometemos de forma consciente, influenciados por el ego; esa libertad de pensamiento nos permite hacer peticiones del por-venir, con la certeza inquebrantable que llegará cuando se está preparado.

Si nos hacemos responsables de nuestros actos, es como estrechar la mano del creador del universo, para aceptar cuando estamos equivocados; y pedir auxilio al único que tenemos la certeza de que puede ayudarnos sin pedir nada a cambio; es una relación espiritual la que se experimenta.

La sublimación humana recurre a la utilidad de la información virtual; en la cual la percepción espiritual es posible; con la certeza de que no hay cuerpo permanente sino espíritu; ni tiempo sino eternidad; ni espacio sino infinito; y la información de la energía es para el amor.

Las creencias mundanas en términos coloquiales de frases y chismes, utilizados por el ego, son las más ajenas al fenómeno de la fe.

Así como la ciencia es un conjunto de especulaciones mediante hipótesis y teorías, que no tienen el suficiente sustento para explicar la existencia y la vida; la fe en lo espiritual es una creencia sin fundamento racional.

La fe es un fenómeno volitivo de acceso universal, sin importar el credo, la raza, el sexo, edad ó nacionalidad.

La fe es un fenómeno mental sin explicación, que da crédito a todas las diferentes informaciones de existencia, para lograr cualquier propósito humano.

Tener fe es un sentimiento que se convierte en una esperanza personal, como facultad espiritual, es un fenómeno ajeno al ego.

La percepción mundana creada por el ego, inquieta por el miedo al fracaso, a la perdida, y a la muerte; el ego desvanece la fe de los demás, pero, desea su utilidad.

El ego puede desviar el camino, pero cuando existe fe, el destino esperado es seguro, aunque el viaje sea azaroso o por un sendero borroso.

En el mundo de la percepción y de los conocimientos, se tiene oportunidad de emplear el libre albedrío con una intención sana en la conciencia, porque nuestros pensamientos y decisiones, son la causa de nuestras circunstancias; por ejemplo, al desarrollar ciencia y tecnología, sí sé hace para bienestar colectivo el desarrollo será compartido.

El progreso humano desde tiempos inmemoriales, como lo testifican las mitologías de las civilizaciones desarrolladas; está basado en la fe, indistintamente también la gente de ciencia recurre al mismo fenómeno de sublimación, en un frenesí por entrar a estados alterados de conciencia; para conseguir sublimación existencial para el conocimiento universal; los resultados son llamados milagros por unos, y coincidencias por otros; sin embargo, son cambios que se dan de forma misteriosa.

Los científicos sin entender que es la existencia y la vida, continúan debatiéndose para explicar esos misterios con elegancia matemática, formulando modelos sumamente extraños, hoy día, basados en la física cuántica de las partículas subatómicas. Y los místicos creyendo en la creación divina, por fe, mucho más fácil de explicar sin tantas complicaciones de entendimiento.

Lo útil de la fe es innegable a cualquier persona que desee un contacto con el por-venir esperado. La gracia de la fe es alcanzada por certeza, no por méritos.

Lo especulativo de la ciencia para la vida, es igual a las creencias en lo espiritual.

La fe acerca al por-venir que se espera, sea para un fin científico o económico, para sanar, ó para lograr un buen propósito.

Profesar la fe no es cuestión de religiosidad, sin embargo, las religiones en general la profesan y exaltan vidas ejemplares para fortalecerla;

pero, la incongruencia moral en sus administraciones cuando el ego se apodera de sus jerarquías, genera desconfianza en sus fieles perdiendo la esperanza.

Cuando algunas religiones y sectas, tratan de sacar provecho proselitista del atributo mental de la fe, desvirtúan esa máxima facultad humana.

Tener un propósito de fe, es fortalecer el atributo mental más desarrollado, no importa sí es con un fin de beneficio individual o colectivo.

Todo funciona mejor cuando se tiene fe; con fe todo es posible en la conciencia, aún en la contradicción a la lógica, siempre que no haya daño.

La posibilidad consciente se convierte en existencia por fe, es cuando en la conciencia se domina una clara percepción mental de lo que se espera.

Todo lo que está en el pensamiento conciente puede manifestarse en la vida.

Puede ser que alguien desee lo imposible, pero, será conseguido por fe, si puede tener una clara percepción mental de ese escenario; sino es así, sería sólo una petición sin ningún fundamento de la conciencia.

Cuando se hace una petición de forma consciente, el inconsciente individual en armonía con el colectivo, se ponen a trabajar con información útil, para conseguir lo anhelado.

Creer en un creador del universo, es la máxima expresión de fe, como certeza.

La fe es la certeza del por-venir esperado y es la mayor fortaleza del espíritu.

EL ESPANTAPÁJAROS AZUL

Un cuento para niños siempre debe ser importante.

Hace muy poco tiempo en un enorme y riquísimo reino, en el que no faltaba nada; gobernaba un Rey justo y poderoso, amado y acompañado con lealtad por su corte una extensión de su voluntad, era soberano noble y generoso. En una de sus comarcas más fértiles tenía su mejor campo de cultivo, en el que se cosechaban todas las clases de frutas y hortalizas; en ese hermoso y verdoso campo vivía muy contento un espantapájaros de color azul rey, era del color del cielo reflejado en el mar; lo habían pintado así para que resaltara contrastando con los colores verdes de la vegetación del campo; el Rey le encomendó cuidar su mejor campo; el fiel cuidador anclado a la tierra por medio de una vara de roble muy resistente, podía girar por completo el cuerpo en su propio eje, con los brazos totalmente abiertos para alcanzar mayor extensión de impacto; sin mucho esfuerzo podía apartar a sus no deseados pero simpáticos visitantes; pajarillos y una amplia variedad de aves con mucho apetito; el vigilante estaba tan bien ubicado y dotado, que no necesitaba de nada más para realizar y disfrutar de su trabajo; lo disfrutaba tanto como un juego de niños cuando escuchan la fascinante melodía de la tranquilidad. Las aves estaban siempre tratando de comer las semillas y frutos de la cosecha; pero, ni remotamente podían conseguirlo por el gran celo y determinación que imponía el impresionante vigilante. El campo que cuidaba era el más importante de todo el reino, por la producción de gran cantidad y variedad de nutritivos alimentos para consumo propio y, la distribución a otras aldeas; las cosechas se hacían periódicamente;

con enorme alegría disfrutaba el vigilante, sabía que contribuía a satisfacer las necesidades alimenticias de toda la comarca; felizmente veía el campo al que pertenecía, cada vez más rico y próspero.

El viento su mejor aliado para moverse con gracilidad, imponiendo respeto a toda clase de intrusos; la luz del sol en las mañanas como por arte de magia hacia aparecer toda la vegetación, y al oscurecer la ocultaba para ayudar al descanso; la lluvia traía la música del cielo y la potente luz cegadora de los relámpagos con sonido de trueno le ayudaba a espantar a los intrusos. Por su ubicación el espantapájaros se regocijaba por tener mayor horizonte para cuidar su campo.

A él lo cuidaban y lo mandaban pintar cada cosecha, para estar en plena forma, con un sombrero de gran copa en color blanco, lo hacia crecer aun más de tamaño, sus brazos y piernas estaban hechas de hojas de elote, su cuerpo y cabeza estaban hechos de tela con relleno de la paja dorada del forraje, de la que comían los animales de trabajo; sus ojos eran dos grandes canicas transparentes, en ellas se reflejaba panorámicamente el inmenso horizonte de la campiña. Sus manos y pies eran del follaje de hortalizas de las mejores cosechas, y su ropa estaba confeccionada en fina manta tejida por manos diestras de la aldea principal; Todo era felicidad para él, sin preocuparse de otras cosas que no fuera ocuparse de su misión encomendada.

Constantemente al acecho había intrusos eran aves de todas clases, procedentes de lugares diferentes queriendo hurtar del sembradío; pero, el espantapájaros era responsable de su encomienda como lo más importante; con regocijo espantaba a los atrevidos sin reparo, no permitía que ninguno tomara lo que no era suyo. Además de su actuación de guardián, con gusto los invitaba a disfrutar de lo silvestre del campo repleto de un sinnúmero de exquisitas frutas jugosas; aunque para aquellos ladronzuelos eso no les era suficiente, siempre insistían de forma descarada en llevarse lo que arduamente se había trabajado y cegado del campo de cultivo. Había trampas para los depredadores en sitios bien escogidos, por los cuales no se atrevían estos sinvergüenzas, pues habían aprendido a esquivarlas, de todas formas las trampas ayudaban al valiente cuidador. Cuando descansaba su sueño era tan placido como el de una criatura inocente. Todo era verdor y fragancia de tierra fértil, donde a un costado corría un río de un caudal que sonaba a canto de hadas, su espejo con movimiento reflejaba en el día al sol dorando las hojas de los árboles. Y por las noches el reflejo de la luna y las estrellas hacían una danza rítmica de brillantes. El movimiento del río formaba estelas de estrellas jugando, muchos luceros juntándose entre si, parpadeando y platicando con la platinada luna; el espantapájaros disfrutaba de oro al solearse el río al amanecer y al ocaso, y en la noche veía infinidad de brillantes diamantes jugueteando sobre el agua.

Se alimentaba de la luz y el sonido, con el silencio descasaba en la tranquilidad, se regocijaba al ver caprichosas e infinitas formas que describían olas de humo de un gris transparente, venían de las chimeneas de las aldeas; era un espectáculo mágico poder ver el movimiento interminable de gráciles formas, siluetas que aparecían y se ocultaban a su voluntad.

Una mañana soleada como muchas de clima templado agradable, la tarde anterior fue invadida por fuerte lluvia, dejando olor a humedad y frescura; de pronto apareció un cuervo de gran pico cuya intensa negrura lo hacia verse tornasol, quería de forma risueña platicar con el espantapájaros azul. Nervioso el cuidador al ver que al cuervo no le asustaba su movimiento de forma semicircular, le contestó sus saludos de buenos días; preguntándole receloso que es lo quería, a lo que la negra ave de inmediato y con buenos modales, le dijo; --Quiero ser tu amigo, para ayudarte a que seas mejor en tu oficio. Y el cuervo seguía insistiendo;--Yo se como puedes mejorar tu trabajo, para que no te molesten las demás aves, pues todas son amigas mías. Sin dar importancia el espantapájaros, le comento en forma pausada;--Mira cuervo, mi trabajo lo realizó muy bien, y me gusta mucho, no creo que me puedas ayudar a cuidar mis campos, porque tú también intentarías llevarte mi cosecha;--Yo nunca me llevaría tu cosecha; Contestó de inmediato el nervioso pajarraco;--No solo te aconsejaría también me daría gusto que mejoraras, pues estas desperdiciando tu preciado tiempo con actividades que no son de importancia; tú eres muy inteligente, y podrías hacer otras actividades de mayor relevancia Pregunto el espantapájaros;--Cómo cuales. A lo que respondió el cuervo;--Cómo ayudar a componer los problemas del mundo y de los demás que no sabe que hacer. Contestó el espantapájaros;--Te agradezco pero este oficio me fascina, no creó que haya otra actividad más importante que la misión de cuidar los campos de cultivo, para que sean bien aprovechados. Sin mayor argumento del que daba el espantapájaros, el cuervo se despidió muy cortésmente; insinuando que volvería para platicar en otra oportunidad, para mostrarle que solo era un muñeco relleno de paja, que podría hacer cosas importantes para no perder su tiempo.

Y pasaron varias cosechas y arduas actividades de encanto natural, y después de un prolongado lapso de su primer encuentro, a distancia de su terreno, el espantapájaros vio al mismo cuervo platicando con sus renegridos amigos y otras aves que fielmente lo acompañaban. Todos emplumados en diferentes vestimentas, se sorprendió de sus risotadas entre ellos, estupefacto veía como no se acercaban a su cultivo; eso mucho lo tranquilizaba, le gustaba no tener que ahuyentarlos, y poco a poco, sin darse cuenta se fue acostumbrando a la cercanía de todos ellos, sin molestia alguna ya que eran sumamente respetuosos.

En tres ocasiones el espantapájaros tuvo conversaciones con el cuervo, pero sin convencerlo; sin embargo la negrusca ave tenía precaución de no molestar los campos, cuyo aroma era de suave fragancia frutada.

Y pasaron otras dos cosechas muy abundantes, hasta que un buen día con la misma intención, el cuervo se aproximó para platicar con el espantapájaros, quién embelesado veía como florecían los árboles de una de las huertas, el cuervo nervioso decía--Como estás mi apreciado y fino amigo.--Gracias estoy muy bien, no he tenido contratiempos los cultivos están muy frondosos a punto de cosecha. A lo que el cuervo argumentaba con naturalidad y sin reserva.--He venido a recordarte que puedes emplearte mejor, y convertirte en un gran maestro, es tiempo que aprendas todas las cosas de la vida. Curioso e interesado pregunto el personaje azul; --Pero como puedo aprender a ser maestro.

Bueno, contesto el cuervo;--Veo tu preocupación por mejorar, por eso te lo voy a explicar de la mejor forma.--Mira mi distinguido amigo la forma para ser mejores es razonar en que las cosas por si solas no funcionan; qué se debe hacer algo más para que funcionen mejor, pues los demás no las quieren componer, porque les es complicado y no saben que hacer. Ensimismado el espantapájaros respondía;--Pero yo veo que todo funciona bien;--los peces en el río no tienen que esforzarse para nadar, nadan; ni los árboles tienen que preocuparse para florecer, florecen; ni los pájaros para volar, vuelan; y yo cuido lo más valioso que es la paz del campo, porque es un obsequio del Rey. El cuervo sonriente le explicó;--Eso es lo que tú crees pero no es así, y dando un grandilocuente discurso se retiro. Después de ésa platica se despidieron como viejos amigos. Pasaron varios días e intranquilo el espantapájaros comenzó a pensar en lo que le había sugerido el amigable cuervo, de emplear su tiempo en cosas importantes, que lo hicieran un gran personaje; se imaginaba que felicitaban, premiaban y respetaban; sin proponérselo empezó a necesitar la presencia de la insistente negrusca compañía quien dejó de visitar por mucho tiempo.

En un atardecer de un bello día, el insistente cuervo regresó con varios amigos quienes maravillados veían, como el campo del espantapájaros estaba invadido por voraces raterillos comiendo de la cosecha, sin incomodar al guardián quien parecía complacido; ya no veía los hurtos de los depredadores que tenían raquítica y descolorida la siembra; el espantapájaros absortó en sus pensamientos ya no era conciente de que los pajarillos robaban a diario, y el cuervo que le había ofrecido su amistad, ahora tomaba decisiones en los cultivos.

El color del espantapájaros no brillaba como antes, ya no era azul rey más bien era de un gris opaco lleno de polvo, ya no giraba sobre su eje pues la tierra se le había metido en su cuerpo atorándolo, su sombrero ya no era de color blanco vivo, sino decolorado por el deterioro, con los ojos llenos de polvo no distinguía de lejos; los pelillos de elote que formaban sus cejas se le habían caído, apenas escuchaba vagamente la melodía fascinante del río que antes le deleitaba al oírla.

Sus manos y pies, habían sido carcomidos por roedores, que también hacían su agosto; las hortalizas estaban sin flores y los árboles sin frutos.

Mientras la luna, el sol, el río, el viento, y el cielo con sus estrellas, eran testigos con desencanto de lo que estaba ocurriendo.

El poderoso Rey enterado de lo que penosamente ocurría, sumamente triste había reunido a sus ministros para informarles que el mejor campo de cultivo estaba abandonado; por tal necesidad había tomado la decisión de exiliar de sus tierras al desinteresado espantapájaros.

Lo más sorprendente es que el meditabundo vigilante deseaba platicar con el cuervo, se había vuelto adicto a su presencia, como si estuviese hipnotizado. Mas el cuervo sin tomarlo en cuenta y a solas con sus amigos, hacia énfasis de como había convencido al espantapájaros azul, para que dejara de cuidar sus cultivos.--Pero eso no es todo les decía;--Lo más atractivo es que todos los pajarillos y cuervos, que comen de este gran campo, me llevan una parte para que yo me alimente, y a cambió les consigo otros cultivos. De inmediato le preguntaron al cuervo sus amigos;--Como haces para convencer sin mayor contratiempo. Contesto muy seguro de sí.--Nada mas les oculto la información útil, para mantener su atención puesta en su vanidad y ambición, así los espantapájaros están entretenidos, contestó con gran decisión el pajarete. Y preguntó otro de ellos;--y como le podríamos hacer nosotros para conseguir lo mismo. A lo que respondió la interesada ave, revoloteando sus oscuras alas y arremolinando el aire desprendiendo mucho polvo ruidosamente.--Eso es un secreto que cuesta mucho descubrirlo, pero, se los diré si me prometen ser discretos para no divulgar mi secreto. Contentos en coro contestaban los aprendices;--Por supuesto cuenta con nuestra discreción. Con movimientos de un gran maestro el cuervo les decía;--Somos de la misma especie, y tenemos que conservar el linaje para mejorar la estirpe por eso les ayudaré. Continuando su actuación de forma muy seria les decía;--Lo que no le dije al espantapájaros azul comentaba en voz muy baja;--Es que nadie cuerdo recibiría un solo consejo sobre éxito de un ignorante, sin embargo muchos incautos reciben muchos consejos de quiénes no son ejemplo de lo que pregonan; porque la vanidad y ambición ciega a las victimas. Con gran elocuencia seguía explicando;--Porque esta plenamente demostrado que sólo con el ejemplo en la práctica puede haber enseñanza, de quienes tienen la capacidad de transmitir conocimientos. El ave negra tornasol continuaba con su discurso;--Enseñar con el ejemplo no es fácil, hubo quién predicó con el ejemplo, mostrando sus conocimientos, pero no le creyeron, y ahora es muy fácil engañar que se puede cosechar sin sembrar.

Con una amplia y cínica sonrisa terminaba;--Por eso mi estimado pipiolo, es que hay tantos astutos cuervos como personajes rellenos de paja. Al escuchar eso el aprendiz quedo perplejo y estupefacto con el gran cuervo; que socarronamente se despidió deseándole el mayor éxito a su discípulo.

Cuento "El espantapájaros azul"

Autor: Jorge López Herrera

www.ingramcontent.com/pod-product-compliance
Lightning Source LLC
Chambersburg PA
CBHW020237290526
45784CB00003B/1016